Die Queckenzüchter

Hans Willmann

Die Queckenzüchter

Der Tradition bewußt,
der Gegenwart verpflichtet,
der Zukunft zugewandt.

Druck: Buersche Druckerei Dr. Neufang KG, D-45894 Gelsenkirchen-Buer.

ISBN 3-7862-0108-0

Einleitung . . . 6
Transport und Aufstallung . . . 7
Der Platzhirsch zeigt uns unser Revier . . . 14
Altricke Kunigunde befreit uns vom Übel . . . 19
Wir sprechen Recht . . . 20
Butterkuchenfest . . . 22
Pusteblume, Pustesatt, Rhabarberblatt . . . 26
Wir erhalten unser Brandzeichen . . . 29
Wir verstopfen dem Gefährt des Oberhirten das Weidloch . . . 32
Was der Mond verbirgt, beleuchtet die Sonne . . . 35
Die Rache, die aus der Flasche kam . . . 38
Vom sicheren Wechsel in den Bau . . . 40
Wir besuchen Schmalrehe in ihrem Gehege . . . 45
Hahnenkampf im Roggenfeld . . . 48
Im schönsten Wiesengrunde . . . 51
Kartoffeln selektiert, dann gab's Hasenpfeffer . . . 54
Morgenstund bringt Sahne in den Schlund . . . 57
Grundfutter, Rauhfutter . . . 62
Wir wissen, was wir wollen . . . 65
Wir machen unserer Hofdame unsere Aufwartung . . . 70
Es werde Licht . . . 73
Im heimischen Revier . . . 77
Kluten-Klopper . . . 82
Faschingsball . . . 85
Kesseltreiben – Halali und Tränen . . . 90
Nasse Füße, aber dem siebten Himmel so nah . . . 93

Einleitung

Alles hat seine Vorgeschichte. Im März 1948 schwärmten wir „Queckenzüchter" in alle Himmelsrichtungen, ganz sicher nicht um den uns auferlegten Namen weiter in die Lande zu tragen. Wohl aber wurde der Name Curt Strohmeyer im Zusammenhang mit dem Besuch der Ackerbauschule Berlingerode als Maßstab einer guten Ausbildung gern erwähnt. Wer hat schon einen Schulleiter, der gleichzeitig Schriftsteller von vielen Jagd- und Tierbüchern ist. Schon wenige Tage nach dem Abschluß in Berlingerode trat ich meine erste Stelle auf einem Gutsbetrieb in Württemberg an. Weitere Ausbildung und Studium, der Beruf und schließlich die Familie füllten die Zeit der nächsten Jahre. Die Zonengrenze und die bald entstandene Sperrzone, in der Berlingerode lag, ließen keine Verbindung zur Ackerbauschule zu. Durch Zufall entdeckte ich 1988 ein Buch von Curt Strohmeyer „Kavaliere im Tierreich". Über den Verlag nahm ich Verbindung auf zum Sohn Arn Strohmeyer. Erst da erfuhr ich vom weiteren Schicksal und den zahlreichen Werken des Curt Strohmeyer. Noch im Dezember 1989, nach Öffnung der innerdeutschen Grenze, besuchte ich Berlingerode.

Die Ackerbauschule wie die Landfrauenschule waren bereits 1949 aufgelöst worden. Was ist aus meinen Mitschülern geworden? Die Heimatadressen der Mitschüler standen im Taschenkalender „Der freie Bauer 1948"; eine aufwendige Suche nach ihrem jetzigen Wohnort begann. Bereits im Mai 1991 fand unser erstes Treffen statt. Angereist aus den Bundesländern in Ost und West, hatten wir viel zu erzählen. Besonders die vielen Streiche von damals nahmen einen großen Platz ein. Nicht minder aber die Not, täglich satt zu werden, bei teilweise körperlich harter Arbeit. Unser geliebter Lehrer Finger, dem wir soviel an Wissen in Theorie und Praxis zu verdanken haben, nahm als rüstiger Pensionär daran teil. Wir waren damals jung, sehr jung. Die Entbehrungen in den letzten Kriegsjahren hatten uns junge Menschen geformt. Viele von uns zwanzig Schülern waren Flüchtlinge, wir älteren Schüler hatten noch den Krieg miterlebt mit anschließender Gefangenschaft, auch dies trug dazu bei, reifer zu erscheinen. Aber gerade deshalb suchten wir die Unbeschwertheit der Jugend wieder einzufangen, um noch einen Teil davon abzubekommen, der so wichtig für das spätere Leben ist. So scheuten wir nicht, nach getaner Arbeit, noch weite Wege von vielen Kilometern zu Fuß zu gehen, oft genug waren es bis zu fünfzehn und mehr Kilometer, die zurückgelegt werden mußten, um an einem Tanzvergnügen teilzunehmen.

Die vielen Gespräche, die ich mit meinen damaligen Mitschülern geführt habe, und die mir halfen, meine Gedächtnislücken zu füllen, oder meine damals angefertigten täglichen kurzen Aufzeichnungen, gaben mir auch die Gewißheit, daß wir trotz der Entbehrungen eine ungezwungene, mit vielen jugendlichen Streichen ausgefüllte Zeit in Berlingerode verbracht hatten. Wir hatten eine Oase gefunden, in einer Welt, die noch ganz im Zeichen des verlorenen Krieges mit all den entsetzlichen Folgen stand, und wir hatten die Oase ganz für uns nutzbar gemacht.

An dieser Stelle möchte ich den Mitschülern danken, die dazu beigetragen haben, Erinnerungen zu wecken. Dank auch den Bürgern von Berlingerode, die sich noch an die Zeit erinnerten und mir durch ihre Erlebnisberichte halfen, Verlorenes wiederzufinden. Ganz besonderen Dank an meine Frau Heidrun, meine Töchter Suna und Silke und meinen Schwiegersohn Michael, die nie müde wurden, mir Mut zu machen, die Erinnerungen zu vollenden.

Lippstadt, Sommer 1998

Transport und Aufstallung

Der Zug drosselte sein Tempo und stand. Dies geschah so heftig, daß die Wagen erst nach vorn und dann wieder nach hinten gestoßen wurden. Kein gutes Zeichen, oder? Ich stand meist auf einem Bein und wurde erst recht aus meinem Gleichgewicht geworfen. Im Zug zu stehen war in dieser Zeit die Regel. Ich stand seit Erfurt. Aber wo waren wir? Im Abteil zunächst stoische Ruhe. Dann kam die erste Frage auf: „Was ist los?“ Die am Fenster Stehenden versuchten, in die eine und in die andere Richtung zu sehen. Dies war nicht einfach. Keine Einfahrt, oder gar Polizeikontrolle? Das Abteil war gerammelt voll, alles Hamsterer, so schien mir. Frauen mit Kiepen, Männer mit Rucksäcken oder Kartons oder einfach mit einem Sack, fest zugebunden. Oft ließen die Bewegungen im Sack auf etwas Lebendes schließen. Das Ziel der noch im Abteil befindlichen Reisenden war unschwer zu erkennen, sie wollten nach Hause mit ihren Schätzen. Und dies möglichst ungeschoren. Weit von der Zonengrenze konnten wir ohnehin nicht mehr sein. Mühlhausen lag hinter uns, und Teistungen, die Endstation konnte nicht mehr weit sein. Ich konnte ganz gelassen sein, denn ich war nicht auf Hamsterfahrt, sondern auf dem Weg zur Ackerbauschule Berlingerode, mit angeschlossenem Internat und Schulgut. „Eigene Bettwäsche und Handtücher sind mitzubringen.“ Von einer Hausordnung war auch die Rede, die strikt einzuhalten sei. Dieses gefiel meinem Vater „Ordnung muß sein, und damit basta,“ das bekam ich von meinem Vater mit auf die Reise, dazu noch viele weitere kernige Sprüche. Und von Mutter Schmalzbutterbrote und viele gute, mir hinreichend bekannte Ratschläge. „Trink nicht immer so viel Wasser“, war einer davon. Was sollte ich machen? Der Zug stand noch regungslos und selbst diejenigen am Fenster schüttelten den Kopf. Da, wie üblich, kein Fenster mangels Fensterriemens zu öffnen war, hatten sie auch nur einen sehr begrenzten Blickwinkel. Daß nichts geschah erhöhte die Spannung. Unruhe kann auch von Vorteil sein, mein linkes Bein hatte plötzlich auch einen festen Platz zwischen dem vielen Gepäck gefunden. „Vier Teile, mein Junge, hast du.“ „Ja ich weiß, immer schön aufpassen.“ Rucksack und Aktentasche, mit einem Riemen verbunden, also nur drei Teile. Den Koffer am Bein spürend, den Persilkarton obenauf. Und den Pakettragegriff mit der Aufschrift „Textilhaus Kehrer Gräfenroda“ in der Tasche von der Joppe. Für mich die genialste Erfindung des Jahrhunderts: Holzrolle, stabiler Draht durchgezogen, die Drahtenden so gebogen, daß damit der Bindfaden, der sich um jeden Persilkarton befand, eingehakt wurde. So konnte der Karton über lange Strecken getragen werden, ohne daß der Bindfaden in die Hand schnitt. Also, was tun? Zwei Schmalzbrote hatte ich noch, jetzt eins essen, oder? Das letzte wollte ich auf jeden Fall in Reserve halten, da nicht eindeutig aus dem Anreiseplan erkennbar war, ob wir am Abend schon verpflegt würden. Es hieß nur, die Lebensmittelkartenabmeldung ist vorzulegen. Auf allen Stationen hatte ich Ausschau gehalten, ob nicht ein Mitschüler zu erkennen war. Aber wie sollte ich ihn erkennen? Wie sah ein zukünftiger Verwalter, oder gar Inspektor aus? Ich streckte mich ein wenig und prüfte, ob ich wohl von den Mitreisenden so angesehen würde. Natürlich unterschied ich mich von den Mitreisenden. Nur wenige hatten bessere Kleidung an. Die meisten trugen einfache Kleidung, ihrem Vorhaben angepaßt. Außerdem war Alltag, und das Wetter war wechselhaft, wie es im April eben ist. Daher sah ich auch kaum Leute auf dem Feld, obgleich die Bestellzeit noch nicht beendet war. Inzwischen hatte ich das Päckchen mit den beiden Schmalzbroten aus dem Rucksack geangelt. Ja oder nein? An den Knöpfen abzählen, Kindereien, kann man bei einer Freundin machen. Sie liebt mich, sie liebt mich nicht. Ich hatte keine Freundin. „Wer weiter kommen will im Leben, kann sich keine Flausen nebenher erlauben, und damit basta," hatte mein Vater gesagt, „Erst der Beruf, dann kann man sich nach einem rechtschaffenen Mädchen umsehen. Von was willst du deine Frau ernähren, wenn du keinen Beruf und somit auch kein Geld hast? Basta, keine Flausen." Mein Sirupbrot hatte ich pünktlich, wie von meiner Mutter befohlen, um zwölf Uhr gegessen, stehend in einem Mief, der dem Abteil anhing. Karnickel im Sack, Huhn in der Kiepe. Ein Mann hatte sogar einen Sack voll Kohlen, nicht zu groß, er schien sowieso schon viel zu schwer zu sein für die schmächtige Gestalt. Weil nichts geschah, keine Polizeikette entlang dem Bahndamm, der Zug keine Anstalten machte seine Fahrt fortzusetzen, steigerte sich die Nervosität im Abteil. Eine leicht vergrämte ältere Frau mit einer großen Tasche, obenauf lag eine Puppe, holte jetzt ein Päckchen aus der Tasche, wickelte es umständlich aus, und zum Vorschein kam ein Stück Speck. Sogleich schnitt sie sich mit einem Messer wie ein Holzknecht eine dicke Scheibe ab, um sie hastig zu verzehren. Die Blicke der Umsitzenden, soweit sie davon Notiz nahmen, störten sie dabei überhaupt nicht. Vielleicht, so vermutete ich, dachte sie: „Wenn gefilzt wird, so habe ich wenigstens diese dicke Scheibe Speck in meinem Bauch." Vor lauter Neugierde, hatte ich meine beiden Schmalzbrote ganz vergessen, die ich immer noch in der Hand hielt. Jetzt aber stand mein Entschluß fest, die Schmalzbrote nicht zu essen, auch nicht eine Scheibe. Schmalzbrote machen durstig, und bis Teistungen müßte ich aushalten. Unerwartet ruckte der Zug wieder an, dicke schwarze Wolken, voll mit feinem Kohlenstaub vermischt, spie die Lokomotive aus. „Fenster zu," erschallte der Ruf zugleich aus mehreren Ecken des Abteiles. Ein geschickter Mann hatte es nämlich fertig bekommen, doch noch ein Fenster zu öffnen. Jetzt hatte er Mühe, es wieder dicht zu kriegen. „Es zieht wie Hechtsuppe", rief einer. „Abteilung für Reisende mit schweren Traglasten", eine praktische Einrichtung in dieser Zeit. Die Erbauer hatten sicherlich nicht an eine so vielfältige Nutzung gedacht.

Leinefelde. Auf dem Bahnsteig eine Traube von Menschen, doch es waren keine Reisenden. Sie holten ihre Angehörigen ab. Wortfetzen hörte ich: „Hat alles geklappt." „Hast du auch gut eintauschen können?" „Komm, ich helfe dir tragen." Auch der Mann mit dem Kohlensack fand einen Helfer. „Mutter, der Mann mit den Koks ist da, Junge sei still, ich weiß es ja. Du hast kein Geld, ich hab kein Geld, wer hat bloß den Mann mit den Koks bestellt". Gut gelaunt sang es manchmal meine Mutter. Der Zug hatte sich um viele Reisende geleert, nur wenige waren zugestiegen. Meine Füße fanden genügend Platz, und im Gedränge eroberte ich mir einen Fensterplatz. Unter den Zugestiegenen entdeckte ich einen Jungen, der konnte wohl auch Berlingerode als Ziel haben. Hut, Schaftstiefel, Stiefelhose, Joppe. Der Hut saß besonders keck auf seinem runden Schädel. Unwillkürlich rückte ich meinen Hut auch ein wenig schräger, so daß er auf dem rechten Ohr auflag. Diesen Sitz hatte ich oft vor dem Spiegel geübt. Noch einen Stoß nach hinten, so, jetzt lag auch die Stirn frei. Auch in den schlechtesten Zeiten muß der Mensch auf sein Äußeres achten. „Junge, laß dich nicht hängen, Brust raus, und basta." Während der Zug wieder auf volle Fahrt kam, konnte ich mir ein wenig die Landschaft ansehen. Etwas hügelig mit waldbedeckten Kuppen. Nicht so eng wie in Gräfenroda oder in Liebenstein. Die Felder sahen gepflegt aus, alles schien gut zu wachsen. Es war eben wieder Friedenszeit. Ich verfolgte die Drähte der Telefonleitungen, wie in den Jugendzeiten, wenn wir, meine Schwester und ich, mit der Mutter in den Ferien aufs Land fuhren. Dabei ließen wir uns immer eine Melodie einfallen, die mit dem Auf und Ab der Drähte übereinstimmen mußte. So recht wollte mir jetzt nichts einfallen. Die gelernten Lieder paßten nicht mehr in die neue Zeit, ha, ha, doch da hatte ich sie. „Das Wandern ist des Müllers Lust“. Es klappte, die Drähte liefen im Takt, der hohe Ton fiel immer, wenn der Draht den Mast übersprang. Doch mit der Geschwindigkeit ging es nicht lange gut, denn der Zug hatte Worbis erreicht. Weit über eine Stunde hatte der Zug Verspätung, die konnte er nicht mehr aufholen.

„Teistungen Endstation, alle aussteigen.“ Früher fuhr der Zug weiter nach Duderstadt, aber dazwischen lag nun die Zonengrenze. Die wenigen Reisenden, die ausstiegen, konnte ich schnell überblicken, Ausschau haltend nach möglichen Mitschülern. Zwei, drei, die das Gleiche taten, und wir waren vier. Nach kurzer Begrüßung und „Woher des Weges", stellten wir fest, daß der angekündigte Trecker, der unser Gepäck, vielleicht auch uns, nach Berlingerode bringen sollte, nicht angekommen war. Die Bestätigung kam vom Bahnhofsvorsteher mit der roten Mütze und der Kelle, die er lässig unter den Arm geklemmt hatte. „Eben ist ein Anruf vom Schulgut gekommen,“ sagte er, auf uns zugehend. „Der Trecker ist defekt, ihr sollt das Gepäck bei der Gepäckaufbewahrung aufgeben. Nachtzeug aber mitnehmen, da noch nicht feststeht, ob das Gepäck noch heute abgeholt werden kann.“ „Wie weit müssen wir laufen?“ fragte der Kleinste und Schmächtigste von uns vieren. Der Bahnhofsvorsteher anwortete: „Eine halbe Stunde.“ Die Antwort kam aber erst nach einer kurzen Abschätzung der Leistungsfähigkeit von uns. Der Weg nach Berlingerode war schnell gefunden. Rucksack auf dem Buckel, in der einen Hand die Tasche, in der anderen der stabile Persilkarton, versehen mit der Erfindung des Jahrhunderts, dem Pakettragegriff. So schritten wir wohlgemut los. Die frische Luft tat gut nach den Stunden im Mief. Das lange Stehen hatte die Beine steif werden lassen. Auf dem Schulgut, dies lag im Mittelpunkt des Dorfes, unweit von der Dorfkirche, wurde uns gesagt, daß wir zum Mittelhof laufen müßten, dort würden wir untergebracht. Also zogen wir weiter. Das Paket kam jetzt in die andere Hand. Der Rucksack auf dem Buckel drückte, aber soweit konnte es ja nicht mehr sein. Während wir so dahin trotteten, jeder vor sich hinsinnend, fielen mir wieder meine beiden Schmalzbrote ein. Aber jetzt stellte sich nicht mehr die Frage, essen oder nicht essen. Denn wir hatten den Mittelhof erreicht. Zwei schöne Säulen deuteten den Eingang des Gutshofes an. Der Weg zum Hof stieg etwas an, das Gutshaus lag links, der Stall mit dem Scheunentrakt in Hufeisenform war vom Gutshaus getrennt. Alles sah sehr ordentlich und gepflegt aus. Die Gebäude schienen noch nicht sehr alt zu sein. Kein Strohhalm lag auf dem Hof herum. „Ordnung muß sein, und damit basta.“ Für langes Angucken blieb keine Zeit. „Mein Name ist Finger, und ich bin euer Lehrer“, so stellte sich der schmächtige Mann vor. Er kam aus dem Haupteingang direkt auf uns zu, als hätte er auf uns gewartet. Ohne weitere Erklärung ging er ins Haus, wobei er einen kurzen Moment die Tür in der Hand behielt, als Aufforderung zu folgen. Die wenigen Stufen zur Etage erklomm er so flink, daß wir gar nicht so schnell folgen konnten. Vielleicht lag dies aber an unserem unhandlichen Gepäck. Oben ein geräumiger Vorraum, von dem aus Türen in andere Zimmer gingen, und zwei Flure an deren Ende auch Türen zu sehen waren. Herr Finger holte eine Liste, welche auf dem Tisch lag, und fragte nach unseren Namen. Mich fragte er zuerst, vielleicht weil ich der größte der Gruppe war, oder sah ich schon erwachsener aus? Denn ich wurde in das Zimmer eingewiesen, welches nur vier Betten hatte. Einfache Feldbetten, unschwer war festzustellen, daß sie aus Beständen des ehemaligen Reichsarbeitsdienstes stammten. Da noch kein Bett belegt war, suchte ich mir das Bett an der Außenwand aus. Ein großes Fenster war zwischen meinem Bett und dem Bett meines Zimmerkameraden, auch an der Außenwand. Zwei weitere Betten standen an den Innenwänden. Auf jeder Seite stand ein Spind, jeweils für zwei Schüler. Ein

Tisch in der Mitte und vier Stühle drumherum, ich war recht zufrieden, mehr hatte ich auch nicht erwartet. Meinem Stubenkameraden gefiel es gleichfalls. Er hieß Helmut. Seine Sachen waren schon im Spind, nun schob er noch seinen Karton unters Bett, und meinte, von ihm aus könnte es losgehen. Alle Betten hatten Strohsäcke und darunter lose Bretter, die als Auflage dienten. Mit geübtem Blick sah ich nach, ob genügend Bretter vorhanden waren, so daß der Abstand nicht zu groß war und damit ständig die Gefahr bestand, nachts durchzurutschen. Das hieß, ich mußte, wie in früheren Zeiten, jeden Abend erst unter die Matratze sehen, ob alle Bretter richtig lagen und nicht böse Buben Bretter verschoben oder gar entfernt hatten. Durchknallen wäre die Folge. Helmut, so konnte ich beobachten, hatte auch Erfahrung mit Strohsäcken und Feldbetten. Er prüfte eingehend seinen Strohsack, um zu der Erkenntnis zu kommen: „Da fehlt Stroh." Ich prüfte gleichfalls und kam zur gleichen Ansicht. „Wie man sich bettet, so liegt man", sagte ich. „Stimmt", sagte er. „Stroh liegt genug in der Scheune", hörten wir Lehrer Finger zu einer Gruppe sagen, als hätte er unsere Gedanken erraten. Nach einer Gedankenpause fügte er hinzu: „Auch langes Roggenstroh." Und genau das suchte ich. Das allgemeine Hin- und Herrennen von uns, um zu sehen, wie die anderen Mitschüler untergebracht waren, wurde durch Herrn Finger unterbrochen. Mir schien, daß er kurze Anordnungen und deren strikte Durchführung liebte. Seine Stimme war klar, aber er mußte aus Sachsen kommen, deutlich war es zu vernehmen. Widerworte duldete er nicht. „Alles klar."

Wir waren inzwischen vierzehn Schüler, zwanzig sollten es werden. Zwei Zimmer mit je vier Doppelbetten, gleich sechzehn Schüler, und unser Zimmer mit vier Betten. Die vier Ältesten waren dafür vorgesehen. Mit „Alles klar" war gemeint, wir müßten noch Holz sägen, hacken und in den Keller tragen. Die Küche brauchte dringend Holz, und wenn es weiter kalt bliebe, mußten auch der Aufenthaltsraum und der Schulraum geheizt werden.

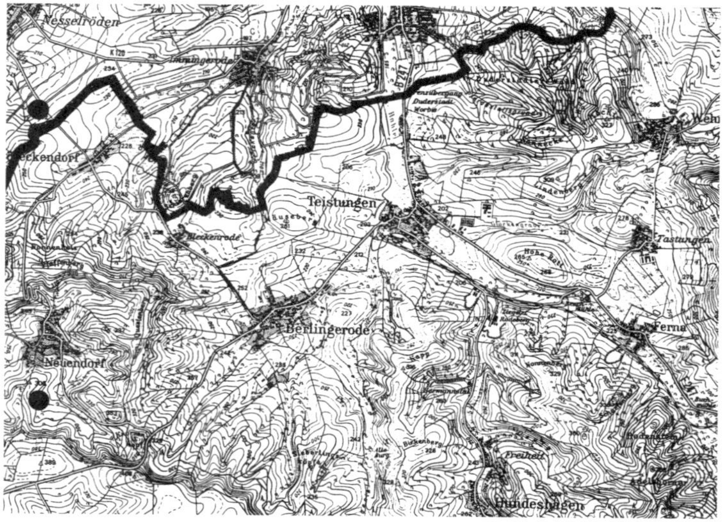

Es gab Kachelöfen in den beiden Zimmern. Die Schlafräume konnten nicht geheizt werden. Auf die Frage von Finger, wer schon mit einer Kreissäge gearbeitet hätte, meldete ich mich schnell freiwillig. Hatte ich auch schon, aber mein Gedanke war: „Lieber sägen als Holz schleppen." Ich bekam zwei Hilfskräfte, die mir die Stämme angaben oder beim Schneiden den Stamm mit festhielten, damit die Säge nicht klemmte. Unser Stapel Holz, den wir zu schaffen hatten, wurde uns gezeigt. Also los. Der Sägebock stand fest, so schien mir, der Riemen straff genug zum Motorwagen. Ich schaltete ein, die Säge heulte auf, der erste Stamm ging glatt durch. Zwei Schüler standen an Hackklötzen und spalteten die Klötze ofengerecht mit der Axt in mehrere Teile. Der Kraftprotz, so nannte ich ihn für mich, Ralf hieß er, war klein, aber stramm gebaut, packte sich die Kiepe voll, und ging damit über den Hof. Alle hatten zu tun. „Hoch, hoch", rief ich, zu spät. Der Stamm klemmte, die Säge stand.

Der Riemen flog von der Riemenscheibe und uns um die Ohren. Kurt hatte er die Mütze vom Kopf geholt. Er schimpfte mächtig. Die Säge wurde wieder gerichtet, fest gepflockt, weiter ging es. Nur gut, daß die Säge keinen Schutzbügel hatte, der war nur hinderlich. Trotzdem Pfoten weit genug weg, und immer für festen Stand sorgen. „Immer mit beiden Beinen fest auf dem Boden stehen“, würde mein Vater sagen.

„Unsere Koffer sind da“, rief ein Schüler. Ein Pferdegespann vom Schulgut hatte sie doch noch geholt. „Holz ist für heute genug im Keller“, hieß es. Wir durften auspacken und einräumen. „Um sechs Uhr gibt es Abendbrot.“ Und ich hatte noch meine Schmalzbrote. Einige gingen mit ihren Stohsäcken zur Scheune, ich hielt es auch für sinnvoll, den Strohsack aufzufüllen, und dann die Klamotten einzuräumen. Es war ein munteres Hin und Her auf dem Hof, in der Scheune und in den Zimmern. Gutes, sehr langes Roggenstroh stopfte ich in meinen Strohsack, prüfte immer, ob es genug sei und legte mich probeweise darauf. Andere der jungen Bettenbauer taten es gleichfalls. „Ich will keinen Strohhalm auf dem Hof liegen sehen“, schrie Lehrer Finger. Er hatte Not, unser Geschwätz zu übertönen. „Und etwas mehr Ruhe. Wir sind hier kein Kindergarten, merkt euch das.“ Die Kleineren von uns hatten Mühe, ihren Strohsack über den Hof zu tragen. Am besten ging es, ihn auf den Kopf zu nehmen, vorne etwas anheben, um noch sehen zu können. Die Koffer waren schnell ausgepackt. Soweit ich die Sachen im Spind verstauen konnte, packte ich sie hinein, der Rest blieb im Koffer. Das Bett beziehen, die zwei vorhandenen Decken sorgfältig in den Oberbettbezug reingelegt, fertig. Einigen Jüngeren von uns halfen wir alten Hasen, und bekamen dafür dankbare Blicke.

Ein Gong erschallte. Er kam, wie üblich auf allen Gütern und Höfen, von einer freihängenden Pflugschar. Mal mahnte der Gong, die Arbeit aufzunehmen, ein anderes Mal zur Mahlzeit. „Es gibt Abendbrot“, rief Helmut. Der kleine blonde Elmar stand an der Tür zum Eßraum. Eine kuriose Aufmachung hatte er; obwohl von der Figur her unscheinbar, war er mir gleich durch seine flotten Sprüche aufgefallen. Auf dem Bahnhof hörte ich mit halbem Ohr, wie er treffend sagte: „Jeder trage des anderen Last“. Dann nahm er seinen Rucksack und stiefelte los. Ja, er stiefelte, denn er hatte zu seiner Breecheshose hohe Schuhe und dazu Ledergamaschen an. Von hinten, sah man nur den blonden Schopf, dann den riesigen Rucksack, darunter kamen gleich die Ledergamaschen. Elmar stand also an der Tür zum Eßraum und rief mit seiner hellen Stimme: „Bimm, bimm, bimm, alle rinn.“ Die Tische hatten weiße Tischdecken, Teller und Tassen waren eingedeckt. Jeweils vier Plätze an einem Tisch, und für eine fünfte Person war auch noch Platz. Jeder suchte sich einen Platz, wobei sich meistens die Schüler zusammensetzten, die auf einer Stube lagen. Da noch niemand erschien, setzten wir uns. Meine Schwester würde die Gelegenheit nutzen und

Lehrer Finger mit einigen Schülern

unter die Tasse oder den Teller sehen. Ich tat es heute für sie. „RAD", also alles schien hier aus den Beständen des Reichsarbeitsdienstes zu stammen. Ich werde meiner Schwester gelegentlich davon erzählen. „Die neugierigen Weiber. So etwas macht man nicht." Schlank, das Haar nach hinten zurückgekämmt, im Nacken einen Knoten, eine schneeweiße Schürze, die Hände, sich leicht berührend vor ihrem Körper haltend, das war also Fräulein Kunigk, so stellte sie sich vor. In der Tür erschien ein junges Mädchen, mit langen, krausen, blonden Haaren, eine Suppenschüssel in der Hand. Sie errötete wie ein Backfisch, war aber keiner mehr. Fräulein Kunigk stellte sie vor: „Dies ist Ursula, sie macht bei mir eine Hauswirtschaftslehre." Damit schien alles gesagt zu sein. Die Suppe war schmackhaft, aber was für eine Suppe ich aß, das wußte ich nicht. Ich wagte auch nicht, Fräulein Kunigk zu fragen. Sie hatte sich an unseren Tisch gesetzt, zu uns Älteren. Ursula saß an einem anderen Tisch und bediente dort die Schüler. Waren beim Strohsäcke stopfen alle noch ausgelassen, so waren sie jetzt alle stumm. Selbst Ralf, Kraftprotz und Großmaul, löffelte artig seine Suppe. Fräulein Kunigk hatte aber auch alle im Auge. Zu den zwei Hälften Brot mit Aufstrich gab es Früchtetee, der bereits leicht gesüßt war. Zuckerdosen standen nicht auf den Tischen. Während Helmut von seiner schwierigen Bahnfahrt erzählte, konnte ich Fräulein Kunigk ein wenig beobachten. Sie saß kerzengerade, mein Vater würde sie meiner Schwester und mir gleich als Beispiel präsentieren! „Nicht hängen lassen Junge, sitz gerade!" Wie oft hatten meine Schwester und ich das gehört, ich aber weitaus öfter. Meine Mutter warf dann beruhigend ein, ich sei zu schnell gewachsen, und der Körper habe nicht die Kraft, um immer gerade zu sitzen oder zu stehen. „Ich kann es aber auf den Tod nicht leiden, und damit basta", war dann meistens seine Antwort. Damit war das Thema zu Ende und ich den Tränen nahe. „Ich wünsche eine gute Nacht", sagte Fräulein Kunigk. „Ab zehn Uhr ist absolute Bettruhe", fügte sie noch hinzu. „Au Backe, Hühnerkacke, die hat bestimmt einen Ladestock geschluckt", hörte ich Elmar sagen. Alle verschwanden in ihren Buden, um den ersten Eindruck von unserer Haushälterin zu bequatschen. Die ersten gingen schon in den Waschraum im Keller. Der Tag war lang und voller neuer Eindrücke gewesen. Auch ich war müde.

Nun war ich Ackerbauschüler. „Keine Faxen", hatte mir mein Vater noch mit auf den Weg gegeben. Was mein Vater damit meinte, wußte ich nicht, aber sicherlich verstand er etwas Bestimmtes darunter. Ich holte meinen Kalender hervor und schrieb unter „Donnerstag, den 10. April 1947": „Gut angekommen, Wetter wechselhaft." Sonntag wollte ich eine Karte nach Hause schreiben, damit sie auch wußten, daß ich gut angekommen war.

Hatten sie doch in der einen Bude den kleinen Karl durch sein Bett sausen lassen. Uralter Trick. Natürlich war Ralf beteiligt gewesen. Na warte, und der will mich bestimmt auch aufs Kreuz legen. Nie wird er es schaffen, wie ein Mehlsack werde ich mich dann über seine Schulter legen, Beine lang gestreckt und mit den Händen fest in seinen Hosenboden gekrallt. Irgendwann werde ich zu schwer, abschütteln geht nicht, also unentschieden, das heißt Hände reichen. Wir hatten Helmut zum Stubenältesten gewählt, er war auch der Älteste. Als wir wieder auf unserer Stube waren, sagte Helmut zu uns: „Geraucht wird nicht in unserem Stall". „Ist doch klar", war unsere Antwort. „Mach die Schotten dicht", rief ich, als wieder einer der jungen Bettenbauer bei uns reinlugte. „Müssen noch eine Stallwache einrichten für unser Zimmer, wenn die Pimpfe uns diese Nacht noch Schabernack spielen wollen." „Das Fenster öffnen wir einen Spalt, sonst können wir den Mief morgen früh in Würfeln raustragen." „Warmer Mief ist besser als kalter Ozon", murrte Ingo, „ist aber in Ordnung." Lehrer Finger ging noch einmal durch die Räume, diesmal in Hausschlappen und ohne Krawatte, er wollte nur gute Nacht sagen. „Die Haustür schließe ich um zehn Uhr ab, Frühstück ist um halb acht." „Verstanden!" Alle waren müde, heute würde keiner ausbüxen. Ingo saß auf seinem Bett und wühlte in seinem Rucksack. „Ich habe noch ein Brot mit Pflaumenmus drauf, willst du ein Stück abhaben", fragte er mich. „Nein, danke", denn mir fielen wieder meine Schmalzbrote ein. Ich zog meine Schmalzbrote aus meinem Rucksack und wickelte sie aus dem guten Ölpapier. „Absolut frisch", pries ich sie an. Wir wurden handelseinig, ich bekam von seinem Pflaumenmusbrot, Ingo bekam eins von meinen Schmalzbroten. Das Zeitungspapier, welches zur Sicherheit noch um das Ölpapier gepackt war, hatte nichts vom Schmalz abbekommen. Ich strich es glatt und legte es gut weg. Auf der Toilette war kein geschnittenes Zeitungspapier, jeder mußte selber dafür sorgen. Helmut kam schon vom Waschen wieder und kroch ins Bett.

Ich ging nochmal raus, einmal um den Stall, hatte es so gelernt, vor dem Schlafengehen noch einmal über den Hof und an den Ställen zu horchen. Erst dann kann man beruhigt zu Bett gehen. Draußen war es recht frisch, ich ging an der Scheune entlang und hatte einen schönen Blick über die Felder bis zum Wald. Ist schon eigenartig, heute hier und morgen dort. Für mein Alter hatte ich schon viel von der Welt gesehen. Kurz schickte ich meine Gedanken nach Hause: „Ihr könnt beruhigt sein, euer Hans macht keine Faxen." An der angrenzenden Weide bepinkelte ich noch ein etwas dürftiges Grasbüschel, wobei ich mich bemühte, der daneben stehenden Brennessel nichts von dem köstlichen Naß abzugeben. Der Waschraum im Keller hatte ein langes Waschbecken mit fünf Wasserhähnen. An der Außenseite des Kellerraumes waren vier Toiletten, daneben eine Pinkelrinne, schwarz geteert. Im Keller sollte eine Dusche sein, sie war aber vom Waschraum getrennt. Die Dusche sei aber defekt, hieß es. So alle vier Wochen könnten wir wohl duschen. Vielleicht! Schnell wusch ich Gesicht und Brust, es gab nur kaltes Wasser, nahm noch ein paar große Schlucke Wasser, und fertig. Das Wasser schmeckte gut, war aber saukalt. Meine Stubenkameraden schliefen bereits. Leise kroch ich ins Bett. Wie sagte doch mein Vater? Diese Landschaft habe den Namen „Goldene Mark".

Der Platzhirsch zeigt uns unser Revier

Durch ein mir unbekanntes Geräusch wurde ich wach. Ich versuchte zu ergründen, wo ich war. Trotz des prall gefüllten Strohsackes gab mein Bett knarrende Geräusche von sich, wenn ich mich wendete. Die angestrebte Wendung auf dem Strohsack diente dazu, wach zu werden. Aha, alles klar. Klar wie Kloßbrühe: „Goldene Mark, Berlingerode, Alte Säcke-Kammer." „Alte Säcke-Kammer", so hieß unser Schlafraum seit gestern Abend. Getauft von den Inhabern der beiden anderen Schlafräume, den jungen Bettenbauern, die, wie wir kühn behaupteten, noch nicht trocken hinter den Ohren seien, ja teils hingen sogar noch die Eierschalen daran. Die Quittung erhielten wir: „Alte Säcke-Kammer." In dieser Kammer war noch Dämmerlicht, Helmut schnarchte. Ingo schien einen neuen Stamm auf seinen Sägebock gelegt zu haben, nach kurzer Erholpause fing er munter an zu sägen. Er muß unbedingt sein Sägeblatt schärfen, diese schrägen Töne, und welche Mühe er beim Sägen aufwendete. Von Gerhard in der Ecke hörte ich nichts, er lag, soweit ich es in der Dämmerung ausmachen konnte, mit dem Gesicht zur Wand. Ich angelte meine Taschenuhr aus dem Pantoffel, eine dumme Angewohnheit von mir, sie nachts da rein zu legen. Aber der Grund war einfach: so konnte ich sie morgens, wenn ich in die Buxe hüpfte, nicht vergessen. Mit einer Taschenuhr im Pantoffel zu laufen, nee, das ging bestimmt auch nicht im Halbschlaf. Die Taschenuhr hatte eine Schutzhülle aus stabilem Metall, und ihr konnte auch bei der Arbeit nichts passieren. Meine Taschenuhr zeigte sechs Uhr an. Da ich sonst schon vor fünf Uhr geweckt wurde, hatte ich schon eine Stunde länger geschlafen. So kroch ich nochmal unter meine Bettdecke. Die im Bettbezug steckenden Decken lagen noch glatt darin und wärmten gut. Ein Federbett wäre mir lieber, aber: „Gelobt sei, was hart macht." Ein wenig döste ich noch vor mich hin. „Berlingerode, Goldene Mark, Schulgut, Ackerbauschüler, erste Stufe auf der Leiter nach oben. Nicht locker lassen, auf die Hinterbacken setzen, guten Abschluß schaffen, keine Flausen, Sägeblatt schärfen." Helmut war von seinem eigenen Schnarcher wach geworden. „Was ist los", fragte er mich. Mich, weil ich mich aufgerichtet hatte und über mein Fußende versuchte, ihn zu begrüßen. „Hans", sagte er, „du hast vielleicht geschnarcht." „Ich?" entrüstet saß ich im Bett, „ich niemals! Ja du, Helmut, du schnarchst, ich glaubte im Urwald zu sein." Beide saßen wir im Bett und lugten zu Ingo. „Der kann es am besten." „Ich stehe auf", sagte ich, „jetzt ist das junge Volk noch nicht im Waschraum." „Ich komme mit", sagte Helmut leise, um die beiden Schläfer nicht zu stören.

Im Waschraum war keiner. Eine trübe Lampe ließ gerade soviel Licht zu, daß ich mich im Spiegel erkannte. Eiskaltes Wasser, Oberkörper frei, schnell war der Geist hellwach ob dieser Tortur. „Ich rasiere mich erst am Sonnabend wieder", sagte Helmut. Ich tastete meinen Milchbart ab und sagte: „Ich auch." Kein Fetzen Zeitungspapier auf der Toilette. Ich hatte schon meine Anzughose an, und da war todsicher in der Gesäßtasche säuberlich auf Maß geschnittenes Zeitungspapier. Immer auf Nummer sicher gehen. Zu dumm, die trübe Funzel im Waschraum reichte nicht aus, um die Zeitungsblätter zu lesen. Die Morgenlektüre fiel aus. Blöd war es, wenn ein Stück Roman dabei war und die verzweifelte Suche nach der Fortsetzung anfing. Stets ohne Erfolg. Noch schnell die Zähne putzen, die Zahnpasta schmeckte scheußlich, ich nahm wenig davon, benutzte dafür mehr die Zahnbürste. Ich konnte es nicht lassen, einen tüchtigen Schluck Wasser zu nehmen. Prrrrrr, den Lauf des

Wassers spürte ich, bis der letzte Tropfen in Höhe des Bauchnabels die Eingeweide erreicht hatte. Oben regte sich in allen Schlafräumen etwas. Schlaftrunken wankten die jungen Bettenbauer zum Waschraum. Ich zog mich schnell an. Meinen Pullunder, zu Hause hieß der Pullunder immer nur „halber Pullover“, zog ich heute verkehrtrum an, das heißt den Ausschnitt nach hinten. Der halbe Pullover schloß so vorne am Hemdkragen ab. Und das sah ordentlicher aus.

Da noch Zeit war bis zum Frühstück, nahm ich meine Aktentasche und ging in den Schulraum. Legte meine Tasche in der zweiten Reihe auf den zweiten Stuhl an der Außenwand. Wie ich beim Probesitzen feststellte, konnte ich gut die Tafel erkennen, aber auch aus dem Fenster sehen. Es war gut gewesen, daß ich meine Tasche auf einen mir passenden Platz im Schulraum gelegt hatte. Denn als wir alle nach dem Frühstück in den Schulraum gingen, ging das Gerangel um die letzten besten Plätze los. Nur vier Reihen Tische mit Stühlen waren aufgebaut. Wir hatten auf jeden Fall genug Platz. Licht kam auch genug durch zwei Fenster in den Raum. Und ich konnte von meinem Sitzplatz, sogar ohne den Kopf merkbar zu drehen, aus dem Fenster sehen. Vorne an der Wand war eine Tafel angebracht, und für den Lehrer war ein kleiner Tisch und ein Stuhl vorhanden. Obwohl alle Stühle gleich waren, wurde immer wieder getauscht, zuletzt hatte jeder den vermeintlich richtigen. Ralf kennzeichnete seinen Stuhl sogleich und drohte allen, ihm bloß nicht seinen Stuhl zu vertauschen. Alle hatten einen Platz gefunden und palaverten durcheinander. Nur unsere zwei Brüder konnten sich nicht einigen. „Neben dich setze ich mich nicht“, sagte wiederholt der eine, es war der jüngere. Beide kamen aus Berlin. In dem Hin und Her, der jüngere Bruder gab keine Ruhe, sagte Helmut: „Dann setze ich mich zwischen euch. Ist das dann in Ordnung?“ „Nein ich will auch nicht an der Wand sitzen.“ In diesem Augenblick kam Lehrer Finger in die Klasse und rief laut: „Ruhe.“ Dann, nach einer Pause: „Guten Morgen, setzen.“ Franz, so

Curt Strohmeyer, Schriftsteller und Jäger

hieß der jüngere Bruder, blieb stehen. „Was ist, hast du keinen Platz?“ fragte Finger. „Ich will nicht neben meinem Bruder sitzen, das gibt nur Streit.“ Daß es bei Lehrer Finger kein langes Federlesen gab, hatten wir schon gemerkt. „Paul, du setzt dich dahin, und du kommst hier nach vorne.“ Fertig war die Sache.

Lehrer Finger ging sofort auf die Schulordnung ein. Wir hatten sie alle nach Hause geschickt bekommen. Mein Vater hatte dazu geäußert: „Gute Voraussetzung für später, theoretische Ausbildung gekoppelt mit der Praxis. Das heißt, alles theoretisch Gelernte sofort in die Praxis umsetzen.“ Mutter hatte Gefallen gefunden an dem Absatz: „Unterbringung und Verpflegung.“ Dort stand: „Die Schule ist ein Internat mit voller Verpflegung. Die Verpflegung ist gut und ausreichend.“ Und „Internat“ heißt: „Es wird auf euch Bengels aufgepaßt, und ihr könnt nicht ausbüxen.“ Mir schien, sie glaubte immer noch, ihren kleinen Hansi vor sich zu haben. Ich höre immer noch unsere Nachbarin sagen: „Aber Frau Willmann, das tut doch der Hans nicht! Der ist stets höflich und brav.“ Der rote Kopf, den ich damals bekam, kam von der Wut im Bauch, die ich hatte, und nicht vor Scham. Am liebsten hätte ich die Nachbarin vor's Schienbein getreten! Na ja, anständig wollte ich ja sein, aber nicht brav und lieb. Wie eine Memme, oder ein Waschweib! Lieb waren nur kleine Mädchen, und zickig dazu.

Lehrer Finger erklärte weiter, wir würden in allen landwirtschaftlichen Fächern unterrichtet. Seine Fächer seien Acker- und Pflanzenbau, dazu Obst- und Gemüsebau. Weitere Fächer kämen später hinzu. An den Arbeiten, die wir schrieben, könne er erkennen, ob wir alles kapiert hätten. „Noo, wir währn schon sähn,“ sagte Finger im besten Sächsisch. Der Melkdienst und die anderen Dienste, wie Maschinen-, Hof-, und Felddienst würden noch eingeteilt. Dann gab es endlich eine kurze Pause. Die Beine vertreten, austreten gehen. Alle kamen aus der Landwirtschaft und da gab es kein langes Sitzen. Die Knochen waren richtig steif geworden. „Fenster auf“, rief Finger noch, als er den Raum verließ. „Bei dem Mief schlaft ihr mir ein. Nach der Pause kommt der Schulleiter. Weitersagen!“

„Mein Name ist Curt Strohmeyer, und ich bin der Schulleiter.“ Als er dies sagte, schrieb er seinen Namen an die Tafel. „Curt mit ‘C’ , damit keine Verwechslung vorkommt.“ Ich verglich ihn sofort mit meinem ersten Lehrherrn vom Rittergut Angelroda, der war kräftig gebaut und hatte immer Stiefel an, dazu grüne Hemden und Jacken und meist eine Breecheshose. Strohmeyer war auch von kräftiger Statur, trug auch eine Breecheshose, grünes Hemd und Jacke. Eine Mischung zwischen Landwirt und Förster. Aber noch mehr fiel sein großer Kopf auf, mit großen Ohren bestückt. Noch nie hatte ich an einem Mann so große Ohren gesehen. Buschige Augenbrauen über lustig, auch etwas überlegen blitzenden Augen, das war am auffälligsten an seinem riesigen Kopf. „Meine Größe ist genau 174 und ein halber Zentimeter“, und dies „ein halber Zentimeter“ betonte er besonders. In wenigen Sätzen zählte Strohmeyer auf, was er schon alles getan hatte. Landwirt, Verwalter, Jäger, Journalist und Autor von fast zwanzig Büchern. Ich weiß nicht, wie lange wir den Mund weit geöffnet hatten. Klipp, klipp, klapp, nacheinander klappten die Mäuler wieder zu. Das hatte ich nicht erwartet, einen Schriftsteller leibhaftig vor mir zu haben. Anschließend sagte Strohmeyer: „Die Schriftsteller sagen mir nach, ich sei ein guter Landwirt, die Landwirte sagen mir, ich sei mindestens ein guter Schriftsteller.“ Dabei beließ er es.

Strohmeyer zählte noch einmal die Fächer auf, in denen wir unterrichtet würden. Eigentlich wurde alles geboten. Außer Acker- und Pflanzenbau auch Obst- und Gemüsebau. Au wei, dachte ich, das gibt Arbeit. Aber da fällt auch einiges für den Bauch ab. Tierzucht und Fütterungslehre sind bestimmt auch interessant, und ich hoffte im Stillen, meinem Onkel einiges Neues erzählen zu können. Der machte immer noch alles nach Großväter Art. Strohmeyer konnte wirklich gut plaudern und so verging der Vormittag wie im Fluge. Die kurze Pause tat gut. Waren wir es doch alle nicht mehr gewohnt, so lange auf dem Hintern zu sitzen. „Du," fragte mich Ernst, „hast du das verstanden, was Strohmeyer zuletzt gesagt hat: Und nun hoch vom Spiegel und die Läufe vertreten." „Der spricht viel in der Jägersprache." Paul, der zugehört hatte, ergänzte: „Hoffentlich nicht zuviel Jägerlatein." Daß das Reh Läufe und einen Spiegel hat, diese Ausdrücke kannte ich gottlob schon aus meiner Elevenzeit vom Rittergut Angelroda. „Onkel," so wurde der Pächter immer genannt, er hieß aber Schmidt, war ein großer Jäger, und ich mußte mehrmals im Herbst mit auf die Treibjagd als Treiber. Ganz nebenbei sagte ich in die Runde, die sich um uns drei gebildet hatte: „Ich beherrsche die Jägersprache." Zuckte sogleich dabei zusammen; ich hatte den Mund mit Sicherheit zu voll genommen. Die Umstehenden nahmen es aber nicht so unbedingt zur Kenntnis, und das war gut.

In der letzten Nacht hatte es leichten Frost gegeben, jetzt am Tage schien aber die Sonne. So zogen wir uns nicht zu dick an. Denn wir wollten ja, wie Strohmeyer uns gesagt hatte, nicht nur das Schulgut besichtigen, sondern auch einen Gang durch die Feldflur machen. Wir standen auf dem Wallhof. Unser Internat war auf dem Mittelhof, beide Schulgüter gehörten zusammen. Ein äußerst buntes Bild gaben wir ab, als wir auf dem Hof standen und auf Strohmeyer warteten. Einige hatten umgearbeitete Uniformteile an. Ich auch. Eine Zeltplane, die ich organisiert hatte, war von unserem tüchtigen Dorfschneider in Gräfenroda zu einer Windjacke umgearbeitet worden. Sie hatte mir schon viele gute Dienste geleistet. Viele Schuhe oder Stiefel, wie ich sah, hatten Riester. Meine Stiefel waren noch gut, ich pflegte sie aber auch. Doch auch meine Schuhe hatten schon Riester.

„So", sagte Strohmeyer, als er vom Gutshaus, in welchem er wohnte, zu uns kam, „ein wenig Ordnung in das Rudel und dann marsch." Strohmeyer hatte seinen Dackel mitgebracht, der Not hatte, mit den großen Schritten seines Herrn mitzuhalten. Im Kuhstall interessierte uns der mächtige Bulle am meisten. Dem durfte niemand zu nahe kommen. Er stand an der Stallwand. Wir sollten nie, so erklärte uns Strohmeyer, den Stand von der Wandseite betreten. Oft genug hätte ein Bulle den Bauern an die Wand gedrückt. Rippenbrüche wären dann das mindeste. Der Bulle hieß natürlich Hans, wie sonst. Aber meine Kameraden machten keinen Vers daraus. Den Kuhstallgeruch mochte ich schon immer, außerdem war es im Winter schön warm im Kuhstall. Im Schweinestall stank es. Schweinestall ausmisten, wirklich eine Sauarbeit. Es gab vier Zuchtsauen, darüber hinaus noch fünfundvierzig Mastschweine. Wir waren froh, als wir wieder an der frischen Luft waren. Draußen erklärte uns Strohmeyer noch, daß der Bestand an Sauen noch um drei bis vier Sauen aufgestockt würde. Dann hätte das Schulgut genug Ferkel für die Nachzucht. Die Ställe, der Hof, alles in bester Ordnung. Den Hühnerstall schenkten wir uns. Strohmeyer sagte: „Der muß dringend in Ordnung gebracht werden, und eine neue Geflügelzüchterin kommt auch. Die Legeleistung muß erhöht werden, damit wir unser Ablieferungssoll erfüllen können." Dann zogen wir ins Feld, am großen Gänseberg vorbei zum Hinteren Hufeisen. Strohmeyer vorweg, sein Spazierstock zeigte hierhin und dorthin. Wir versuchten zu folgen, im Tempo wie im Geist. Sein Hund, namens Peter, gehörte zur Gruppe der rauhaarigen Teckel und bildete den Schluß, nicht nur seiner kurzen Beine wegen, sondern weil er ständig neue Entdeckungen auf den Feldern machte. Wenn Strohmeyer ihn aber rief, gehorchte er, der „Rauhbautz," wie Strohmeyer sich ausdrückte. Mit leicht eingezogenem Schwanz und dem üblichen Dackelblick ordnete sich Peter in die Truppe ein. Er fand Gelegenheit wieder auszubüxen, wenn sein Herr den staunenden Schülern erklärte, daß hier die Zuckerrüben und dort die Kartoffeln wüchsen und da hinten, im Paradies, das Gemüseland wäre. Salat, Tomaten, Möhren, Kohl, Erbsen und, und, und, alles wurde angebaut. Strohmeyer blieb stehen. Er sagte: „ Der Hund hat keinen Schwanz, sondern eine Rute, merkt euch das." Er hatte gehört, wie einer von uns gesagt hatte: „Peter

Die Pferdekoppel

wackelt mit seinem Schwanz." Im schnellen Schritt vorbei an dem Weizenschlag zum Raps links vom Kreuz. „Hacken ist nötig. Seht ihr das viele Unkraut?" erläuterte uns Strohmeyer. Ja, wir sahen das viele Unkraut und wußten, der Krug geht auch nicht an uns vorbei. Vor der Jungviehweide blieb Strohmeyer stehen. „Dies ist mein ganzer Stolz," sagte er, als sich alle nah genug um ihn versammelt hatten. „Ich werde eine Pferdezucht aufziehen. Von frühester Jugend an bin ich geritten. Und ich hatte immer einen Bezug zum Pferd, dem treuen Kameraden." Und er erzählte uns die Geschichte von seinem Pferd „Karin".

Anfang des Krieges hätten auch sie ein Pferd, ein Fohlen, abgeben müssen, für die bespannte Artillerie, und dieses Pferd hieß Karin. Einige Jahre später sei eine Schwadron schwer bespannte Artillerie zu ihnen ins Dorf gekommen und hätten auch auf ihrem Hof Quartier bezogen. Bei einem Rundgang durch die Scheune, in denen die Pferde Platz gefunden hatten, entdeckte er sein Fohlen Karin wieder. Welch ein herrlicher Traber war sie geworden. Das trockene Beinwerk, der edle Kopf, wohlgeformt der schöne Körper. Am nächsten Morgen hätte er die Mutter, „Rottraud", auf dem Hof dazugestellt. Sie hätten sich bewittert, aber gekannt hätten sie sich nicht mehr. Mutter Rottraud ging weiter im Gespann wie vor Jahren, Karin aber war nun Soldat. „Und ich", so erzählte Strohmeyer weiter, „durfte Karin noch einmal reiten. Wir ritten hinaus in die Feldflur. Ich spürte das edle Blut unter mir, den weichen Gang, das gebändigte Temperament, das darauf wartet dahinzustürmen."

Ein Pferd war an den Koppelzaun gekommen, während Strohmeyer uns die Geschichte erzählte. „Das ist ‚Liesel', sie hat gute Eigenschaften geerbt, ich werde noch viel mit ihr arbeiten." Er klopfte den Hals von Liesel. Als wir weitergingen, lief Liesel mit uns bis zum Ende der Weide am Weidezaun entlang und wieherte. „Danke für euren Besuch." Zum Schluß ging es in den Obstgarten. Reihen von blühenden Kirschbäumen standen dort. Uns lief das Wasser im Mund zusammen in Gedanken an die Ernte. „Arme Väter, reiche Söhne", dies hatte mir einmal ein Obstbauer gesagt. Ob es hier auch zutraf? Strohmeyer mußte unsere lüsternen Gedanken erraten haben. „Die Obstbäume", sagte er, „gehören dem Kyrion, ich warne euch." Mehr glaubte er nicht sagen zu müssen. Wohl wissend, die tun es doch. Elmar sagte: „Der eine pflanzt den Baum, der andere ißt die Pflaum." Im angrenzenden Rhabarberfeld hackten die Frauen. Vorsichtig mußten sie dabei sein, um die schon mächtig wachsenden Rhabarberstauden nicht zu beschädigen. Soweit wir es beurteilen konnten, würde es eine gute Ernte geben. Danach wurden wir entlassen. Unsere Füße taten uns weh, unsere Köpfe rauchten, und wir nahmen die Gewißheit mit, in diesem Jahr viel zu lernen.

Altricke Kunigunde befreit uns vom Übel

Auf einem Strohsack zu schlafen, bekam nicht allen gut. Diejenigen die die Sache mit dem Stopfen des Strohsackes nicht so ernst genommen hatten, lagen mehr auf den Brettern als auf dem Strohsack. Geweckt wurden wir nicht. Aber als einige ihr Handtuch und ihre Seife nahmen, kam Bewegung in die Zimmer. Im Waschraum war großes Gedränge. Fünf Wasserhähne waren nicht viel, vier Toiletten auch nicht. Bei dem eiskalten Wasser wurde der Waschvorgang kurz bemessen. Im Waschraum war es kalt. Keiner hielt sich daher lange dort auf. Pünktlich zum Frühstück saßen oder standen wir lamentierend im Eßraum. Fünf Tische mit je vier Stühlen. Und an zwei Tischen je ein weiterer Stuhl. Tassen und Teller waren eingedeckt. Zwei Mädchen brachten große Kaffeekannen. Ein Mädchen hatte eine weiße Schürze umgebunden, die andere eine Arbeitsschürze. Die Blonde mit der weißen Schürze hieß Ursula, sie kannten wir bereits. Die mit den dunklen Haaren hieß Berta, war etwas kleiner, wohnte in Berlingerode und half in der Küche. Nachdem die Mädchen die Suppenterrine gebracht hatten, kam Fräulein Kunigk herein, von uns später 'Kunigunde' genannt. Sie schloß die Tür hinter sich. Neben ihr stand Ursula. Fast unbeweglich und kerzengerade, als hätte sie einen Ladestock verschluckt, stand Fräulein Kunigk da, die Hände vor ihrer schneeweißen Schürze haltend. Wir nahmen nicht unbedingt Notiz von ihr. „Meine Herren", ihre Stimme klang glasklar, „meine Herren", wiederholte sie, „ich möchte, daß Sie nicht eher Platz nehmen, bevor ich Sie dazu auffordere." Sie stellte sich hinter einen Stuhl. Es war der fünfte an unserem Tisch. Ursula stellte sich gleichfalls hinter einen Stuhl an einem anderen Tisch. Nun hatten wir begriffen, woher der Wind pfiff. Wir standen jeder hinter unserem Stuhl und warteten auf das erlösende Zeichen. „Bitte setzen Sie sich", sagte sie, schöpfte die Suppe aus der Terrine und füllte die Teller an unserem Tisch. Ursula tat das gleiche. Die an den übrigen Tischen mußten sich selbst bedienen. Fast schweigend aßen wir. Als Suppe gab es eine Mischung aus Haferflocken mit nicht erkennbaren Beimischungen. Anschließend erhielten wir noch je zwei Marmeladenbrote, natürlich ohne Butter.

Nach dem Essen stellte sich Fräulein Kunigk in die Mitte und erkärte uns, daß sie größten Wert auf Tischsitten legen würde. Und sie gab gleich ein paar Beispiele: „Beide Hände gehören auf den Tisch. Der Löffel führt zum Mund, nicht der Mund zum Löffel. Ich unterstelle, daß Sie alle eine gute Kinderstube genossen haben. So betrachte ich die Zeit hier auf der Ackerbauschule nur als Fortsetzung und Festigung guter Manieren." Sie zählte noch viele Dinge auf, die sie beanstanden würde, und kam dann dazu, wie schwierig es für sie sein würde, uns junge Männer satt zu bekommen. Die Lebensmittelkarten würden nicht ausreichen. Nur mit Hilfe von Herrn Strohmeyer, welcher immer um uns besorgt sei und das Schulgut mit Kartoffeln und Gemüse, aber auch mit Getreide versorgen würde, könnte sie ausreichend für uns sorgen. „Und noch etwas, meine Herren, ich möchte Sie nicht in Arbeits- oder Stallkleidung am Tisch sitzen sehen. Keineswegs werde ich Nachlässigkeiten dulden." Mir fiel die Geschichte von einem Gast ein, der im Restaurant sitzend beobachtete, wie sich ein Herr mit der Gabel am Kopf kratzte, und sagte, als er die Geschichte erzählte: „Da blieb mir vor Schreck doch fast das Messer im Mund stecken." „Seien Sie gewiß", sagte Fräulein Kunigk, „ich werde jedes Übel an der Wurzel bekämpfen. Guten Morgen, meine Herren!" Ursula und Berta räumten die Tische ab. „Gute Manier ist der Jugend Zier", hörte ich Ursula sagen. Wir gingen auf unsere Zimmer, um uns für den ersten Unterricht vorzubereiten.

Wir sprechen Recht

Wie von einem bösen Fuchs aufgescheucht, liefen wir wie die Hühner im Hühnerstall von einer Ecke in die andere. Die eine Ecke war unser Zimmer, die andere Ecke war das Zimmer, wo es geschehen war. Das zunächst recht weiblich anmutende Durcheinander formierte sich. Betroffenes Schweigen, die schmalen Brüste der Jungs zeigten Haltung. In unserem Raum saßen nun alle auf unseren Betten. Wer da keinen Platz gefunden hatte, saß auf den flink mitgebrachten Hockern. Diese wurden vor die Tür gerückt. Ungestört wollten wir beraten. Unser Stubenältester wurde zum Vorsitzenden ernannt. Seine erste Frage war: „Ist es einwandfrei bewiesen?" „Ja", sagte der Betroffene, ganz einwandfrei. Zwei Zeugen meldeten sich: „Wir können es bestätigen.Ihm gehört das Hemd, die Initialen stimmen mit den anderen Initialen in den anderen Wäschestücken überein." „Und?" wurde aus der Runde weiter gefragt. „Ja ganz eindeutig, außerdem fanden wir das Hemd im Paket von ihm. Er hat es auch sofort zugegeben. Und das Paket sollte morgen oder übermorgen mit der Post zu ihm nach Hause." „Ruhe!" rief der Stubenälteste, „wir sind nicht im Kindergarten." Also ist es bewiesen. Alle stimmten zu. „Was schlagt ihr nun vor? Sollen wir es unserem Schulleiter sagen, und er muß entscheiden, was zu tun ist?" Ich sagte: „Nein, das geht zunächst nur uns was an, laßt es uns durchdenken. Mir sind schon ähnliche Fälle bekannt". Helmut nickte: „Ich habe auch schon miturteilen müssen. Wir alle entscheiden, was zu tun ist." „Welche Möglichkeiten der Strafe gibt es denn?" fragte ein Jüngerer aus der Runde. „Klassenkeile" riefen die einen, „Ausschluß aus der Klassengemeinschaft" die anderen. So hielten sich die Meinungen noch in der Waage. „Sprechen wir über die Folgen", befand der Stubenälteste. „Wenn wir überwiegend für die Klassenkeile sind", sagte ich mehr fragend, „ist ihm damit für alle Zukunft geholfen? Oder steckt er die Klassenkeile weg, wird von uns wieder in die Gemeinschaft aufgenommen und wird irgendwann wieder rückfällig? Dann haben wir ihm nicht geholfen, sondern geschadet. Erhält er einen Denkzettel von uns, so muß dieser für sein ganzes Leben gelten." Ich fügte noch hinzu: „Dies war immer die Auffassung von meinem Vater." Damit hatte ich jetzt Zündstoff in die Runde gebracht. „Du hast Recht, mein Vater war auch immer für eine gerechte, aber sehr harte Strafe." Andere konnten sich augenblicklich an eigene Erlebnisse erinnern. Und in der Erinnerung zurückblickend sagten sie: „Heute sehe ich es ein, die Strafe, die ich bekam, war hart aber gerecht." „Doch kommen wir zur Sache. Weiterreden!" Wir erkannten, was der Sprecher vorhatte, redeten laut durcheinander, dabei nahmen die beiden an der Tür Sitzenden ihre Stühle leise weg. Unser Stubenältester riß die Tür auf: Nichts. Er stand nicht vor der Tür. Die Drohung, ihn windelweich zu klopfen, hatte Wirkung gezeigt. Er war im Schulraum, wo der Stubenälteste ihn hinbeordert hatte. „Gibt es noch eine andere Lösung, als die beiden schon aufgezeigten?" wurde in die Runde gefragt. Während über eine weitere Strafe lebhaft gesprochen wurde, versuchte jemand die Tür zu öffnen. Sie wurde von innen gleich von mehreren zugehalten. Da erst merkten wir, daß es unser Lehrer Finger war. Die Tür öffnete sich, Finger kam rein. „Was ist hier denn los, die Arbeitszeit hat begonnen. Nun aber los." Ohne sich weiter um uns zu kümmern, ging er wieder. „Jede Gruppe kann weiter beraten, heute Abend wird Recht gesprochen." „Aber", sagte der Stubenälteste noch, „alles bleibt geheim." „In Ordnung, ganz klare Sache", bestätigten wir.

Die Nachmittagsstunden vergingen wie im Flug. Ich durfte beim Drillen von Mohnsaatgut helfen. Es war Peragis Schließmohn. Vier Morgen sollten damit bestellt werden. Das gab viel zu beobachten, denn Mohnanbau hatte ich noch nicht mitgemacht. So war ich erstaunt, daß das Saatgut, es waren circa fünf Kilogramm, mit feinem Sand gemischt in die Drillmaschine gefüllt wurde. Der Acker war mehrfach geeggt worden und lag jetzt ganz feinkrümelig wie in einem Garten fertig zur Einsaat. Die Drillschuhe wurden ganz flach eingestellt, so daß der Samen in ein bis zwei Zentimeter Tiefe zu liegen kam. Als Reihenabstand wurden vierzig Zentimeter festgesetzt. So hatte ich keine Gelegenheit gehabt, noch mit anderen Kameraden zu sprechen.

„Gleich nach dem Abendbrot", sagte der Stubenälteste zu Ingo und mir, „wir drei wollen noch einmal mit ihm sprechen." Wir holten ihn in den Schulraum. „Gibst du es zu?" wurde direkt gefragt. „Ja, ich habe es getan. Ich habe das Hemd genommen und wollte es nach Hause schicken." „Also Kameradendiebstahl. Noch heute Abend wird entschieden, was geschehen soll. Bleib im Haus." Wir trommelten die anderen zusammen. „In zehn Minuten an der Buche am Ackerberg." „Alles klar." Das war ein würdiger Ort, Recht zu sprechen.

Draußen ging ein schöner Frühlingstag zu Ende. Die Vögel zwitscherten in allen Tonlagen, und eine Lerche stand hoch oben am Himmel. Abendstimmung. An der Buche setzten wir uns im Halbkreis hin. Unser Stubenältester setzte sich uns gegenüber, ganz bewußt, welch schwere Bürde ihm zugeteilt war. „Es ist genug beraten worden", sagte er, „kommen wir zur Abstimmung. Wer ist für Klassenkeile?" Nur drei meldeten sich. „Und wer ist dafür, daß er aus unserer Gemeinschaft ausgeschlossen wird?" Jetzt wurden alle anderen Hände gehoben. Die Mehrheit.

„Wir wollen nicht in unserer kleinen Gemeinschaft einen Kameradendieb haben", bemerkten gleich mehrere zugleich. „So soll es geschehen. Wir drei Ältesten werden ihm gleich unseren Beschluß mitteilen. Es muß sein." Fast wortlos gingen wir zurück, begleitet von den Rufen eines Käuzchens aus dem nahen Wald. Nach dem Frühstück nahm er sein Gepäck, ging, ohne sich noch einmal umzusehen, aus dem Haus.

Butterkuchenfest

Während eine Gruppe von uns Traktordienst hatte, ich gehörte auch dazu, waren die Bestellarbeiten auf den Feldern in vollem Gang. Der Flachs wurde gegen Ende April am Kirschberg bestellt. Ein Schlepper zog Furchen für die Frühkartoffeln. Frauen und Schüler aus dem Dorf legten die Kartoffeln, es war „Sieglinde", in die Reihen. Das Rübenland und auch das Land für den Mohn mußte hergerichtet werden. Überall gab es Neues für mich zu sehen. So kannte ich noch keinen Gemüseanbau oder gar ein Rhabarberfeld. Dieses wurde heute mit dem Hackpflug bearbeitet. Der Traktordienst war nicht beliebt. Motorteile ausbauen und wieder einbauen. Zum Fahren taugte der alte Deutz ohnehin nicht mehr. So konnten wir bald alle Teile ein- und ausbauen, egal ob Getriebe, Kühler oder Räder.

Mich reizten vielmehr die Bestellarbeiten von Mohn, Erbsen, Bohnen und Zwiebeln, welche auf großen Schlägen angebaut wurden. Aber auch Spinat und Möhren wurden am Stemmberg gedrillt. So langsam lernten wir die Schlagbezeichnungen kennen. Im Paradies gab es den Luzerne- und den Hafer-Bohnen-Schlag. Auf der Finkenbreite, nah am Wallhof, sollte der Mohn angebaut werden. Der Saukopf war ein großes Roggenfeld. Im Nonnenloch wuchs der Winterraps. Ich hatte schon einige Tage dort Unkraut gehackt, aber das Unkraut blieb Sieger. Denn der Roggen mußte auch gehackt werden. Wer hatte sich bloß all die Namen ausgedacht? Meist waren es Namen, die schon vor Generationen entstanden waren und immer weiter überliefert wurden.

Am Montag und auch am Dienstag war das Wetter so stürmisch und regnerisch, daß wir nachmittags keinen Außendienst hatten. Dafür konnten wir nun unsere Aufzeichnungen aus dem

Beim Rübenhacken

Unterricht vervollständigen. Lehrer Finger führte uns in die Ackerbaulehre ein. So nahm er ausgiebig die verschiedenen Böden durch. Von Verwitterungsböden bis zu den Moorböden. Und wir waren ganz Ohr. Angedeutet hatte Finger, daß über jeden größeren Abschnitt im Lehrstoff eine Arbeit geschrieben würde. Das hieß, zuhören und gleichzeitig mitschreiben.

Als Strohmeyer heute zum Unterricht kam, dachten alle etwas anderes. Wie sieht der denn aus, ist heute ein besonderer Tag, oder will Strohmeyer noch auf die Saujagd? Doch er übersah unsere erstaunten Gesichter und ging sofort auf sein heutiges Thema „Volkswirtschaft" ein. „Volkswirtschaft", so sagte er, „ist gleich die gesamte Tätigkeit eines Volkes zur Wertschaffung, um die eigene Existenz zu erhalten." Wunderbar konnte er alles schildern. Stets fand er in uns gute Zuhörer. Doch mußte Strohmeyer heute schon wieder aufhören, als er gerade über die Märkte in der Volkswirtschaft sprach: Warenmarkt, Arbeitsmarkt, Kapitalmarkt. Begriffe, die wir uns merken sollten. Doch bevor die Stunde zu Ende war, ging er doch noch auf seinen ungewöhnlichen Anzug ein, den er heute trug und der uns so ins Staunen versetzt hatte. „Das ist mein Schnellschieteranzug", sagte er. Der Anzug glich einem Overall und hatte viele Taschen. „Den Anzug habe ich selbst entworfen", sagte er sichtlich stolz. „Darauf bin ich hauptsächlich durch Nachsuchen mit meiner temperamentvollen Wachtel, die mich durch dick und dünn treibt, gekommen." Sein Schneider in Berlin, Meier u. Braun, der auf all seine verrückten Wünsche einging, hatte zwar Verständnis für die vielen Taschen, die er haben wollte. „Aber wie ich mir das vorstellte, hatte der Schneider gefragt, wenn ich nun einmal, na Sie wissen schon. Nein, keinen Reißverschluß rundum, der Oberteil und Unterteil trennt." Nein, so hätte er darauf bestanden, einfach längs der Naht von oben und dann zwischen den Beinen durch, Padde darüber, und fertig ist der Lack. „Es ist mein schönster und praktischster Jagdanzug. Und so, da ich ungeheuer schnell bei jeder Gelegenheit herausfinde, ist sein Name entstanden."

Weil es am Mittwoch auch regnete, brauchten wir wieder nicht aufs Feld. Dafür gab es eine besonders hoheitsvolle Arbeit für uns Schüler: Plakate malen und den Wagen schmücken zum 1. Mai. Der Traktor vom Wallhof hatte uns einen Gummiwagen in unsere Scheune am Mittelhof gestellt. Kein Ackerwagen, sondern ein luftbereifter Anhänger, auf dem wir beim Umzug zum 1. Mai sitzen sollten. Diese Nachricht nahmen wir freudig auf. Fast hatten wir nämlich schon damit gerechnet, den ganzen Umzug hinter dem Wagen herlaufen zu müssen.

Viele von uns hatten wie ich noch nie Gefallen gefunden an Aufmärschen dieser Art. Erst stundenlanges Stehen bis der Redner kam, dann konnte man nicht zuhören, weil der Hintermann einen zwickte, oder man selbst wiederum den Vordermann zwickte. Gehässig war auch, dem Vordermann durch den fein gespitzten Mund kalte Luft in den Nacken zu blasen. Der konnte sich ja nicht wehren, wenigstens solange man in Reih und Glied stand. Die letzten drei Jahre war ich für andere Verwendungen vorgesehen gewesen. Im letzten Jahr hatte ich Kuhstalldienst auf dem Gutsbetrieb in Liebenstein, also ein wirklicher „Tag der Arbeit". Ein Umzug fand sowieso nicht statt, mangels Teilnehmer. Abends zum Tanz in den Mai, da waren alle dabei.

Den Wagen schmücken sollten wir. Nur Material durften wir verwenden, das später wieder der normalen Nutzung zugeführt werden konnte. Stroh gab es genug. Ein paar Birkenzweige durften wir uns aus dem Busch am Wald holen. Für ein Transparent gab es Packpapier. Zunächst schrieben wir darauf „Ackerbauschule Berlingerode". Gleich zweimal haben wir es gemalt. Einmal für vorn, einmal für hinten. Da wir nur Bleistifte zur Verfügung hatten, war es kaum zu lesen. Regnen durfte es am ersten Mai nicht. Rechts und links an den Wagen kam ein Plakat mit der Aufschrift: „Tag der Schaffenden". Wir hatten einen besseren Einfall: „Tag der Schlafenden", doch wir trauten uns nicht. Das Ganze befestigten wir am Aufbau, und zwar so, daß die Plakate gleichzeitig einen guten Sichtschutz für uns ergaben. Wir, die „Schlafenden", wollten uns ins Stroh verkriechen. Daher auch die Parole.

Am Morgen des ersten Mai kam der Traktor, der Hänger wurde angehängt. Wie ein geölter Blitz verschwanden alle im Stroh. Damit war Finger aber gar nicht einverstanden. „Ihr steht auf dem Wagen und winkt den Leuten zu," befahl er. Außerdem brauche ich noch eine Abordnung, welche mit mir vor dem Traktor hermarschiert. Zwei außer mir meldeten sich freiwillig. Uns war das Getobe auf dem Wagen schon zuviel geworden. Schließlich waren wir die Ältesten und schon gereifter. So marschierten wir alten Säcke mit Lehrer Finger vor dem Traktor her. Keine einzige Fahne flatterte uns voraus. Auf dem ganzen Weg durchs Dorf sahen wir keine Fahne am Haus wehen. Die waren, wie überall, zu Blusen und Röcken verarbeitet worden. Auch winkte uns keiner zu; die Bewohner von Berlingerode hatten die Zeichen der Zeit noch nicht verstanden. Eine kleine Musikkapelle marschierte dem Zug voraus und sorgte dafür, daß die müden Krieger und das fahrende Volk nicht aus dem Gleichschritt kamen.

Auf dem Wallhof angekommen, begrüßte uns Schulleiter Strohmeyer und hielt eine Ansprache. „Wir stehen im zweiten vollen Friedensjahr", sprach er zu den langsam eintreffenden Leuten vom Hof, „unsere Aufgabe muß es sein, die Bevölkerung wieder mit den nötigen Nahrungsmitteln zu versorgen. Der Hunger muß ein Ende finden." „Stadt und Land, Hand in Hand." An uns gewandt sagte er: „Die Landwirtschaft braucht dringend geschulte Betriebsleiter, die für neue Kulturen sorgen, bessere Methoden der Bodenbearbeitung erarbeiten und den Kampf gegen Krankheiten im Stall und Pflanzenschädlinge im Feld aufnehmen. Haltet eure Lichter auf und die Lauscher, und haltet den Windfang in die richtige Richtung." Beifall. Es roch nach Erbsensuppe auf dem Hof. Wo kamen die vielen Leute alle her? Wir füllten unsere Bälge, reichlich. Stöhnend vor Wonne gingen wir zum Mittelhof zurück.

Das Wetter meinte es gut mit den Schaffenden. Auf dem Mittelhof angekommen wartete eine weitere Aufgabe auf uns: Tische und Bänke herrichten. Am späten Nachmittag kamen alle, die zum Gutsbetrieb gehörten, zu uns auf den Mittelhof. Eine kleine Tanzkapelle spielte auf. Wir hatten die Aufgabe, für Getränke zu sorgen. „Muckefuck" in Emaillekannen schleppten wir von der Küche über den Hof in die Scheune auf der anderen Seite des Hofes. Dann kam der Kuchen. Hochbepackte Teller mit fast friedensmäßigem Butterkuchen hatte Kunigunde mit ihren Mädchen gezaubert. Eine wahre Opfergabe an die „Schaffenden". Der Weg vom Gutshaus bis in die Scheune war lang, lang genug jedenfalls, um mindestens zwei Stücke von dem Butterkuchen zu verschlingen. Auf dem Rückweg wurde der Äser leer gekaut, und beim nächsten Gang traten weitere zwei Stücke den Weg in den Pansen an. Daß wir anschließend an der Kaffeetafel vornehme Zurückhaltung zeigten, wurde uns noch lange als „gut erzogen" nachgesagt.

Beim anschließenden Tanz hielten wir uns auch zurück, aber nicht aus Vornehmheit, sondern weil überwiegend ältere Frauen aus dem Dorf am Tisch saßen. Die jüngeren, soweit sie zu den Dorfschönheiten zählten, waren immer vergriffen. Nur Strohmeyer tanzte mit dick und dünn, klein oder groß. Pflicht ist Pflicht, und Schnaps ist Schnaps, und den gab's auch noch zu guter Letzt. Frau Strohmeyer ließ es sich nicht nehmen, wie eine Marketenderin mit einer großen Literflasche voll Fusel jedem einen Schnaps einzugießen. Jeder trank aus demselben Glas, eine Ansteckung war bei dem hochprozentigen Schnaps nicht möglich. Bald kam der Schluß, denn die Stallarbeiten konnten nicht aufgeschoben werden.

Gleich nach dem Abendessen, es gab den Rest Erbsensuppe vom Vormittag, zogen wir nach Teistungen zum Tanz. Die frische Luft tat uns gut. „Nach dem Essen sollst du ruhn oder tausend Schritte tun." Wir taten mehr. Der Saal war voll. Wie immer saßen die Mädchen auf der einen Seite des Saales, wir setzten uns auf die andere Seite. „Der Mai ist gekommen", spielte die Kapelle, alle sangen oder grölten mit. Der Fusel, den es wohl heute überall im Überfluß gegeben hatte, zeigte Wirkung. Volltrunken waren die Jungens aus Teistungen für uns keine Gefahr. Lallend schlossen sie mit uns Brüderschaft. So kamen wir um manchen Tanz. Bis die Kapelle Damenwahl ausrief. Wir wurden von zarten, aber zupackenden Mädchenarmen auf die Tanzfläche gezogen.

Um zehn Uhr waren dem Wirt die Getränke ausgegangen. Erbsensuppe, Butterkuchen, Erbsensuppe, dieses Futter verlangte nach Flüssigkeit. Auf nach Worbis. Kurz entschlossen zogen einige Mädchen mit uns. „Der Mai ist gekommen.“ Die ganze Straße nahmen wir in Beschlag und sangen aus Leibeslust. Eingehakt sprangen und tanzten wir übermütig und merkten gar nicht, daß inzwischen die Uhr Mitternacht geschlagen hatte. Ganz außer Atem legten wir hinter Ferna eine Pause ein. „Unsere Füße tun uns so weh", klagten die Mädchen. „Sollen wir Vernunft walten lassen?" berieten wir. „Morgen ist Freitag und wir sollen Kartoffeln legen“, sagten wir. „Wir müssen auch nach Hause“, sagten die Mädchen. Um die Müdigkeit zu überwinden, stimmten wir ein Lied nach dem anderen an. Fast 10 Kilometer waren wir gegangen und getanzt. „Auf ein Wiedersehen“, riefen wir uns gegenseitig zu, als wir die Mädchen in Teistungen an der Kirche sich selbst überließen. Auf dem Weg nach Berlingerode versuchte Helmut von mir zu erfahren, ob Strohmeyer gesagt hätte, alle „Macht" den Schaffenden, oder alle „Kraft" den Schaffenden. „Ich weiß es nicht“, war meine Antwort. Meine Gedanken waren bei der Blonden aus Teistungen, aber ich hatte heute morgen auch nicht hingehört. Schade, jetzt wußte ich noch nicht einmal ihren Namen. Alle zogen wir zunächst in den Waschraum, um den dicken Brei in unserem Pansen tüchtig zu verdünnen. Gänsewein, wie herrlich! „Trink nicht zuviel, kriegst Läuse in den Bauch.“ In meinem Kalender las ich: Trockener Mai, Juni naß, ist die Regel, merk dir das. Darunter schrieb ich noch in der Nacht: „Umzug durchs Dorf, viel Butterkuchen gegessen, dann zum Tanzen nach Teistungen." Mehr war eigentlich auch nicht darüber zu sagen.

Pusteblume, Pustesatt, Rhabarberblatt

Ich war stolz, sehr stolz sogar. Im nächsten Brief nach Hause würde ich von meinem Erfolg berichten. Strohmeyer hatte mir eine glatte Zwei gegeben für meinen Aufsatz. Wir sollten eine Nacherzählung über eine Geschichte oder ein Buch schreiben. Bei den meisten stand darunter: „Vom Thema abgewichen" oder „Inhalt nicht richtig wiedergegeben." Natürlich in grüner Tinte. Unter meinem Aufsatz stand: „Richtig wiedergegeben." Strohmeyer schrieb grundsätzlich mit grüner Tinte und hatte damit schon viel Erfolg gehabt, wie er uns berichtet hatte. Selbst bei Bewerbungen hatte Strohmeyer dadurch Vorteile gehabt. „Den bunten Vogel müssen wir uns ansehen", vermutete er die Reaktion, und bei persönlichen Vorstellungen hatte er alle Mitbewerber aus dem Feld geschlagen. Eine Zwei von einem Schriftsteller, der bereits neunzehn Bücher geschrieben hatte, zu bekommen, fand ich großartig. Meine Hühnerbrust schwoll mächtig an, und ich nahm mir vor, auch einmal ein Buch zu schreiben, eins wenigstens.

Bisher wollte ich immer nur etwas erfinden. Am liebsten ein Perpetuum mobile; jahrelang hatte ich schon gebastelt, aber mein Vater enttäuschte mich stets: „Junge, es geht nicht", sagte er. Schuld an meinem Erfinderdrang war ein Buch, welches ich von meinen Eltern geschenkt bekommen hatte: „Ein Lausbub findet zur Technik." Seitdem war es um mich geschehen.

Doch jetzt hieß es erst einmal Lehrer Fingers Fruchtfolgepläne zu begreifen. Außerdem hackte Finger auf der Mischungstafel der Düngemittel herum. Undurchsichtiges. Einen Lacherfolg hatten wir, nachdem Strohmeyer uns in der Betriebswirtschaftstunde etwas von „umlaufenden Betriebsmitteln" erzählte. Karl hatte wieder nicht aufgepaßt und fragte uns nachmittags beim Rübenhacken, was denn „umherlaufende Betriebsmittel" seien. Ob Hühner oder anderes Kleinvieh auch dazu zählte.

Unsere tägliche Fronarbeit: Hacken. Diesmal waren es die Rüben; sie mußten erst verhackt werden. Immer einen Schlag mit der Hacke in die Rübenreihe; rechts und links durfte nur noch ein Büschel an Rübenpflanzen stehen bleiben. Dann waren wir im Raps-, im Getreide- oder im Gemüsefeld. Überall wuchs das Unkraut, am meisten die Quecke, und mußte gehackt und damit vernichtet werden. Aber auch der Boden sollte gelockert werden, wenn der Regen ihn wieder zugeschlemmt hatte. Ich hackte ganz gerne. Konnte man sich doch dabei unterhalten, soweit wir auf gleicher Höhe in der Reihe waren. Die Reihen mit den Drillspuren waren ekelhaft, weil festgefahren. Doch meist half der Nachbar, wenn man zusammen bleiben wollte. Lehrer Finger schimpfte, wenn wir noch bei feuchtem Boden hackten. „Da wächst alles wieder an." Und er hatte recht. Jeder sorgte selbst dafür, daß seine Hacke scharf war, so gab es abends an der Schleifmaschine immer großen Andrang. Einer drehte den Stein, der andere konnte seine Hacke schleifen, dann wurde gewechselt. Wichtig war auch, einen kurzen Stock in der Tasche zu haben, um die klebrige Erde von der Hacke zu streichen, sonst mußte man es mit den Fingern machen. Schien die Sonne, machte es Spaß, und auch Lehrer Finger war zufrieden, denn das abgehackte Unkraut überlebte den sonnigen Tag nicht.

Es lag schon eine Zeitlang zurück, da hatten wir beim Rapshacken immer Beerdigungsfeste veranstaltet. Wer eine Rapspflanze aus Versehen geköpft hatte, trug sie vorsichtig, begleitet von den anderen, an den Feldrand. Mit entblößten Häuptern sprach einer ein paar Worte des Trostes. Danach sangen wir ein Lied:

„Schon die Abendglocken klangen,
und die Flur im Schlummer liegt.
Wenn die Sterne aufgegangen,
jeder gern im Traum sich wiegt.
Ja, ein ruhiges Gewissen
mög uns stets den Schlaf versüßen,
bis der Morgenruf erschallt,
und das Horn von den Feldern hallt."

Manchmal mischten sich auch andere Verse ein. Waren es zuviel der Rapsleichen, verzichteten wir auf ein Begräbnis. Auf den Wiesen hatten sich die Butterblumen in Pusteblumen verwandelt. Als zufällig nur wir aus der „Alte Säckekammer" bei der Feldarbeit waren, kamen wir auf dem Heimweg auf den Gedanken, noch in die Weide zu gehen und viele der Pusteblumen vorsichtig in unseren Mützen zu sammeln. Wir hatten Glück, es war keiner im Schlafraum der anderen und so verteilten wir unsere Pusteblumen auf allen Betten. Alle wurden verdächtigt, wir nicht.

Seit Mitte Mai der erste Rhabarber in der großen Gartenanlage geerntet wurde, gab es jeden Tag Rhabarber zu essen. Zunächst wurde er als Abwechslung begrüßt, auch wenn er die Zähne stumpf machte und entsetzlich sauer war. Doch inzwischen waren auch Kunigunde die Ideen ausgegangen, in welcher Form sie uns den Rhabarber noch unterjubeln konnte. Unsere Gescheide vertrugen auch keine weiteren Reinigungsvorgänge, sie verlangten nach Rauhfutter, gleich in welcher Zusammensetzung. Der morgendliche Milchbrei tat Gutes, linderte aber nur vorübergehend. Pustesatt waren wir vom Rhabarber und ließen es Kunigunde merken. Die letzten alten Kartoffeln mit vielen Linsen gekocht, halfen uns, die von vielen Gängen wund gewordenen Weidlöcher zu heilen. Die von Strohmeyer über-

Bei der Schafherde

nommene Jägersprache erlaubte uns, auch üble Dinge vornehm auszudrücken.

Auch waren es die fünf krepierten Schafe, die uns zu ungewohnten Fleischportionen verhalfen. Kunigunde erzählte uns, als wir ein wenig zaghaft an den Braten herangingen: „Das ist Rheinischer Sauerbraten." Als alle fünf Schafe, als Rheinischer Sauerbraten getarnt, aufgefuttert waren, erfuhren wir zufällig vom Schäfer, daß ihm fünf Schafe krepiert waren. Sie waren unbemerkt in einen Kleeschlag gelaufen, und das war ihnen absolut nicht bekommen. Wir vermieden es, davon zu sprechen, damit es uns nicht nachträglich schlecht wurde.

Auch blieb uns keine Zeit dazu, denn aus dem Dorf kamen schlechte Parolen. Russen würden die Ausweise aller männlichen Personen kontrollieren, hieß es. Das war also der Grund, warum am späten Nachmittag soviele Männer mit Rucksäcken an unserem Hof vorbei in den Wald zogen. Solche Kontrollen waren üblich und gefürchtet. Wer dabei verhaftet wurde, verschwand meist auf Dauer. Strohmeyer hatte Finger Bescheid gegeben, daß für uns keine Gefahr bestehen würde. Trotzdem harrten wir bis zum Morgengrauen voll angezogen in unseren Zimmern aus. Mehrere waren abgestellt, am Fenster Ausschau zu halten. Einen Fluchtweg hatten wir uns auch schon ausbaldowert. Hätte er uns genützt? Zu unserem Verdruß mußten wir am nächsten Morgen, der Unterricht fiel aus, mit den Frauen zum Rübenverziehen. Am Nachmittag kamen noch die Schulkinder dazu. Auf den Knien oder gebückt, das war noch anstrengender, zogen wir die kleinen Rübenpflanzen raus und ließen möglichst die kräftigsten stehen. Die Sonne schien angenehm warm, und die Frauen waren guter Laune, denn sie hatten ihre Männer wieder zu Hause. Diese waren am frühen Morgen aus dem Wald wieder ins Dorf zurückgekehrt, als die Luft rein genug erschien. Friede kehrte wieder ein in unser kleines Dorf Berlingerode.

Unsere geschundenen Körper verlangten nach aufrechtem Gang. Auf nach Hundeshagen zum Tanzen. Gesättigt von der Graupensuppe, ohne Rhabarbereinlage, zogen wir über den Berg. Der Ginster blühte und verbreitete einen angenehmen Geruch. Wir waren gut gelaunt. Die Gaststätte war fast voll, aber hier in Hundeshagen wurden wir Ackerbauschüler gelitten. Tolle Musik zauberten die Hundeshagener. Dadurch waren sie auch bekannt, dies weit über die Grenzen von Hundeshagen hinaus. Wir tranken dünnes Bier, tanzten, waren zufrieden mit uns und der Welt, soweit wir sie überblicken konnten. Erst nach Mitternacht zogen wir wieder los. Diesmal nahmen wir die Abkürzung nach Hause. Berta, unser Hausmädchen, war auch dabei. Die anderen hatten es furchtbar eilig und so war ich aus Höflichkeit bei Berta geblieben. Berta war klein und auch ein wenig pummelig und konnte so nicht mit uns Schritt halten. Die Wiesen, durch die wir gingen, wurden schon feucht von der Kühle der Nacht. Das Mondlicht reichte aus, den Weg, oft nur ein Trampelpfad, zu finden. Berta blieb stehen. „Hans", sagte sie, „ich möchte meine Schuhe und Strümpfe ausziehen und barfuß laufen." „Tu es", erwiderte ich. „Es macht Spaß, durch feuchte Wiesen barfuß zu laufen", war meine Antwort. „Darf ich mich auf dich stützen?" fragte sie. „Natürlich." Sie zog einen Schuh aus, hielt sich dabei mit der anderen Hand an meinem Arm fest. „Jetzt mußt du aber weggucken!" Und ich Esel tat es. Sie hob ihren Rock, nestelte an ihren Strumpfbändern, rollte ihren Strumpf nach unten und zog ihn aus. Auch beim zweiten Strumpf guckte ich weg, das heißt, nicht ganz, was sie sofort bemerkte. „Weggucken, du hast es versprochen." Und ich Esel tat es wieder. Beim zweiten Strumpf hatte sie ein paar Pusteblumen gepflückt und blies sie mir ins Gesicht: „Weil du doch geguckt hast", sagte sie. Inzwischen waren meine Kameraden hinter der nächsten Biegung verschwunden. Ich war mit Berta allein. „Kein Techtelmechtel mit einem Mädchen anfangen", hatten meine Eltern mir mit auf den Weg gegeben. „Du bist noch nichts und hast noch nichts, so kannst du auch noch keine Frau ernähren. Versprich es uns." „Jaah." Wir gingen weiter, sprachen von belanglosen Dingen. Dann und wann, wenn sie stolperte oder wir über steinige Wege liefen, gab ich ihr meine Hand als Stütze. Froh war ich, als wir in Berlingerode ankamen; ein Stück vor ihrem Elternhaus verabschiedete ich mich. „Gute Nacht und danke", sagte sie und lief schnell zum Haus. Auch ich eilte zum Mittelhof. Das Klofenster war noch angelehnt, ich schlüpfte rein und lag bald wie die anderen im Bett. Standhaft war ich geblieben und nicht der Versuchung verfallen, ihr einen Gutenachtkuß anzubieten. „Kein Techtelmechtel, hörst du, Hans?"

Wir erhalten unser Brandzeichen

Auf „Hü“ und „Hott“ reagierte der „Kurfürst“ unwillig oder gar nicht. Hoheit glich aber einem Reiterstandbild ohne Reiter, wenn mein „Brrrr“ seine Ohren erreichte, ganz gleich welchen Zungenschlag ich dabei anwendete. „Gespanndienst“ nannte sich meine Praxistätigkeit in dieser Woche. Meistens leisteten wir den Gespannführern nur Hilfsdienste, ihre Gespanne gaben sie nicht aus der Hand. Aber es standen einige Pferde im Stall, die keinem Pferdeknecht gehörten, und die bekamen wir, wenn entsprechende Arbeiten dafür da waren. „Hoheit“, so wurde Kurfürst oft auch genannt, war ein Kaltblutpferd, dem seine männliche Würde schon in der frühen Jugend genommen worden war. Ein Wallach mit schönem glänzendem Fell, an das ich mich gerne anlehnte, und der meinen Klaps auf die Hinterbacke gelassen hinnahm. Vom Hof hatte ich den Häufelpflug mitgenommen, der Weg war nicht weit zum Kartoffelfeld, gleich hinter dem Wallhof. Dringend mußten hier die Kartoffeln angehäufelt werden. Hatte ich seine Hoheit, den Kurfürst, erst richtig in eine Kartoffelreihe dirigiert, dann ging es flott los, denn, wie gesagt, Hü und Hott ließen ihn kalt. Vielleicht kommt daher die Bezeichnung Kaltblut. „Nimm sie ruhig mit“, hatte der Hofmeister zu mir gesagt. Ich nahm die Peitsche mit. Sie schien mir beim Kurfürst mehr Symbol als Mittel zum Zweck zu sein. Sie steckte in der am Kumtgeschirr vorgesehenen Halterung. Sehr lang waren die Kartoffelreihen, und oft mußte ich den Häufelpflug tief in die Furche drücken, so daß genügend Erde an die Kartoffelreihe gelangte. Das strengte mächtig an. Am Ende der Reihe gönnten wir beide uns dann eine Pause. Dann wieder das Problem, den Kurfürst in die nächste Kartoffelreihe zu bekommen. Am Kopf konnte ich Hoheit ja nicht führen, der Häufelpflug hätte Schaden angerichtet. So nahm ich die Zügel um den Hals, und konnte dann

Kaltblut „Kurfürst“

mein „Hü“ und „Hott“ mit dem entsprechenden Zügelzug unterstützen. Die andere Hand führte den Häufelpflug. Genau wie Kurfürst setzte ich Fuß vor Fuß, das war die beste Lösung. Die Füße unkontrolliert in der Furche laufen zu lassen, führte zu total verdrehten Läufen. Waren wir wieder in der Reihe drin, nahm ich sofort die Leine von der Schulter und ließ sie locker am Häufelpflug hängen. Gelernt ist gelernt. Mein Lehrherr bekam Tobsuchtsanfälle, wenn wir die Leine über die Schulter nahmen. „Auch bei braven Pferden“, erklärte er uns die Gefahr, „kann durch irgendetwas eine Panik ausgelöst werden, die Pferde gehen durch, und der Gespannführer hängt in der Leine.“ Beispiele konnte er dann genügend aufzählen. Unsere Pausen am Ende des Feldes wurden länger. Nicht der Kurfürst zeigte Ermüdungserscheinungen, sondern ich. Meine Socken qualmten. „Morgen kommen neue Fußlappen an die Füße“, schwor ich mir.

Meine Taschenuhr zeigte Feierabend an. Ich spannte Kurfürst aus. Der Häufelpflug blieb auf dem Feld. Zu gern hätte ich mich jetzt auf Hoheits Rücken geschwungen, aber das war auf dem Wallhof streng verboten. Auf dem Weg zum Hof brauchte ich Kurfürst nicht zu führen. Fußlahm hatte ich Not, seinem plötzlichen Stalldrang zu folgen. Am linken hinteren Schenkel hatte Kurfürst ein Brandzeichen. Deutlich war eine Krone zu erkennen. Ich prägte mir die Konturen des Brandzeichen ein. In „Schlipf's Handbuch der Landwirtschaft“, waren einige Brandzeichen abgebildet. Ich wollte wissen, welch edlem Geschlecht der Kurfürst entstammte. Stalldienst brauchten wir nicht zu machen. Nur die Pferde abschirren und eine Schütte voll Häcksel in den Futtertrog geben. Für heute war mein Gespanndienst geschafft. Hoheit bekam noch einen Klaps auf's Hinterteil. „Vielleicht bis morgen", sagte ich zu ihm.

Die Füße waren lahm vom Furchenlaufen. Ich hatte noch Leidensgenossen, die ihre Läufe balsamierten oder unter einem kalten Wasserstrahl Linderung erhofften. Blasen gab es auch. Schuld daran waren verrutschte Fußlappen. Keiner wußte nachher mehr, wer auf die glorreiche Idee gekommen war, heute noch zum Tanzen zu gehen. Aber wie heißt es doch: „ Wenn ich zum Tanzen geh, tut mir mein Fuß nicht weh.“ Um unseren lahmen Läufen nicht noch mehr abzuverlangen, wollten wir erstmalig in Berlingerode zum Tanzen gehen. Wir dachten an die beschwerlichen Heimwege in später Nacht von den weit entfernten Dörfern.

Vierzehn an der Zahl zählten wir, als wir das Haus in Richtung Dorf verließen. Im Dorfgasthaus war Tanz angesagt. Unsere Gruppe würde sicherlich Aufsehen erregen bei den Dorfschönheiten. Alle waren wir blankgeputzt und hatten unsere Feiertagskluft an. Schlips und Kragen oder den Pullunder verkehrt herum angezogen, den Ausschnitt nach hinten. Unsere Hüte keck auf dem Kopf, das würde Eindruck schinden. Ich hatte meine schwarze Hose an, die aus einem amerikanischen Militärmantel von unserem Dorfschneider in eine Anzughose verwandelt worden war. Meine Mutter hatte den Mantel erst säuberlich aufgetrennt, anschließend schwarz gefärbt. Für die Vorderseite hatte jeweils der Tuchstreifen gereicht. Hinten mußte der Schneider in Wadenhöhe eine Naht machen. Unten zog ich durch den Umschlag einen Bindfaden. Fast immer trug ich dazu Schaftstiefel. Zog ich den Bindfaden fest, hatte ich eine Überfallhose. Stolz ging ich damit auch heute zum Tanzen. Fast alle trugen umgearbeitete Uniformteile. War es ein guter Schneider, so war der ursprüngliche Nutzen kaum mehr zu erkennen.

Vor dem Gasthaus stand eine Gruppe junger Burschen. Aus der geöffneten Saaltür war die Musik zu hören. Ein Raunen ging durch die Außenstehenden, als wir durch die Gasse gingen, die sich unwillig bildete, als wir kamen. Hinter der Saaltür war ein Tisch aufgebaut. Dort saß der Kassierer. Wir zahlten und erhielten eine Eintrittskarte. Im Saal wurden wir von einer Gruppe Jungen umringt. Einige kannten wir von unseren Gängen durch's Dorf, die anderen hatten wir noch nicht gesehen. Die Haltung der Burschen war nicht gleich als Kampfansage zu deuten, aber als unbedingt einladend auch nicht. Ein besonders untersetzter, kräftiger Bursche aus dem Dorf postierte sich vor uns. Er ging gleich auf's Ganze. „Wenn ihr Ärger macht,“ sagte er, „fliegt ihr raus. Wir sind mehr Jungs als ihr und nehmen es mit euch jederzeit auf.“ Ganz überrascht von dem Empfang, standen wir wie begossene Pudel da. Einer von uns sagte: „Wir wollen tanzen und ein Bier trinken und uns nicht mit euch anlegen.“ Die „Ackerkrähe", so nannten wir ihn später, wies uns noch einen Platz zu. Dann ging er mit gespreizten Flügeln wieder zu seinen Kumpanen.

Nun saßen wir wie die Gockel auf der Stange in einer Reihe, auf der linken Seite des Saales. Auf der gegenüberliegenden Seite saßen die Mädchen und gackerten fröhlich, wahrscheinlich über uns. Vor den Bankreihen waren einige Tische, auf denen wir unser Bier abstellen konnten. Wie üblich gab es eine Art Dünnbier, es schmeckte noch wässriger als das im Krieg ausgeschenkte „Fliegerbier". Die Kapelle war gut, spielte alle flotten Märsche, Walzer und auch einen Tango. Nur merkten wir bald, daß die Dorfjungs uns keine Chance geben wollten, mit den Mädchen zu tanzen. Dabei hatten wir uns schon einige recht flotte Mädchen auf's Korn genommen. Sobald die Musik anfing zu spielen, stürzten aus der Gruppe der Dorfjungen, welche an der Theke standen, einige Burschen auf die Mädchen zu. Unser Weg über die Tanzfläche war länger. Wir kamen zu spät. Mir schien, als wenn dieses den Mädchen gar nicht recht war, wollten sie doch mit uns strammen Ackerbauschülern tanzen und nicht mit den tüchtig vom Fusel angesäuselten Dorfburschen. So blieben uns immer nur die Mauerblümchen, die mal zu groß, mal zu kurz für uns geraten waren. Von Zeit zu Zeit kam der Wirt mit einem Korb voll Kaff und streute es auf den Holzboden. Danach staubte es mächtig, aber dann wurde die Tanzfläche immer glatter, bis die Tanzenden das Kaff zermalt hatten. Der Rest fiel in die Spalten zwischen die Bohlen.

Wir sannen uns eine Taktik aus. Eine Hälfte von uns sollte auf die Jungs an der Theke zugehen, um ihre Reihen zu durchbrechen. Der Rest könnte somit die Mädchen auf der anderen Seite erreichen, bevor die Dorfburschen da waren. Auf Anhieb hatten wir Erfolg. Die Mädchen bekamen glänzende Augen, hatten rote Backen und drehten sich beschwingt in unseren Armen. Ich hatte eine hübsche Blonde erkoren, die ich schon lange anfixiert hatte. Nur die Entfernung war zu weit gewesen, um mit ihr Blickkontakt aufzunehmen. Hacken zusammen, eine korrekte Verbeugung, „Darf ich bitten?" Ihre Zustimmung gab sie durch ein Kopfnicken. Das leichte Erröten machte sie noch anziehender. Ich bot ihr meinen Arm, sie hakte sich ein. Leicht wie eine Feder tanzte sie, und wir drehten uns im Walzertakt. Nach meiner Verbeugung zum Dank, am Schluß des Tanzes, führte ich sie zurück zu ihrem Platz. Auf dem Weg dahin, sagte sie: „Die Jungs aus Berlingerode mögen euch nicht. Josef will immer Streit." Mit Josef war die „Ackerkrähe" gemeint. „Im Dorf nennen wir euch 'Queckenzüchter'", sagte sie. Wir waren an ihrem Platz angekommen, ich verbeugte mich exakt. Dankend knickste sie. Mein Versuch, noch einen tiefen Blick in ihre Augen zu tun, scheiterte. Sie hatte ihre Augenlider niedergeschlagen. Ich erzählte, was ich erfahren hatte. Doch nun wollten die anderen tanzen. Also begann das Spiel von neuem: Kette bilden, wie die Treiber bei einer Treibjagd. Unseren Plan hatten die Burschen durchschaut, und eine kleine Rempelei ging los. Wir ließen uns aber nicht darauf ein. Noch einige Male schafften wir es zu tanzen. Doch wurde es schwieriger, da der Schnapsfusel die Dorfburschen kühner in Worten, aber unfähiger in der Tat werden ließ.

In einer Pause, welche die Kapelle einlegte, gingen drei von uns zur Pinkelbude, welche nah dem Kuhstall auf dem Hof lag. Die Hofbeleuchtung war äußerst spärlich, und so hatten die ärmsten nicht bemerkt, daß ihnen einige Jungs gefolgt waren. Ganz zerzaust kamen sie zu uns zurück. Immer nur „Queckenzüchter" sagten sie. „Wie kommen wir hier wieder raus?" Wir berieten. „Also, wenn die Musik wieder spielt", so planten wir, „raus aus dem Saal, aber zusammenbleiben." Ich sagte: „Helmut und ich gehen an die Spitze, den Schluß macht Ralf! Einverstanden?" „Ich zeige es ihnen schon", sagte Ralf voller Eifer. Die Musik spielte „Zum Abschied reich ich Dir die Hände." „Auf, jetzt geht's los." Gesagt, getan. Nur, daß draußen schon die halbe Dorfjugend auf uns wartete; damit hatten wir nicht gerechnet. Wir riefen, um uns Mut zu machen: „Attacke! Attacke!" Die vom Dorf riefen: „Queckenzüchter, Queckenzüchter!" „Attacke!" „Queckenzüchter!" Attacke und durch. Wir bekamen reichlich ab, verteilten aber auch nicht weniger. Nach einigen hastigen Sätzen waren wir allein auf der dunklen Dorfstraße. Wir zählten ab, keiner fehlte. Wie gerupfte Gockel sahen wir aus, als wir uns bei Licht betrachteten. Einige blaue Flecken mochte es auf beiden Seiten gegeben haben, mehr nicht. Für Spott brauchten wir nicht zu sorgen. Als wir den Daheimgebliebenen preisgaben, wie wir im Dorf genannt wurden, schwollen die Kämme. „Queckenzüchter", welch eine Schande. Nun hatten auch wir ein „Brandzeichen."

Wir verstopfen dem Gefährt des Oberhirten das Weidloch

Mittags gab's Kaltschale, Sagosuppe mit Kirschengeschmack. Davon konnte man noch soviel essen, ein Völlegefühl kam nicht auf. Dafür sorgten dann anschließend die Pellkartoffeln mit Studentenstippe. „Draußen haben wir über 35 °C“, sagte Paul, als er mit puterrotem Gesicht nach oben kam. Paul war unser Wetterfrosch. Täglich schrieb er alle Temperaturen und Niederschläge in ein Heft. Wenn Paul das machte, genügte das. Ich schrieb lieber weiter auf, wann und wo wir zum Tanzen waren. Dummheiten notierte ich auch, oft aber verschlüsselt. Wie früher; wenn ich damals eine Ohrfeige erhalten hatte, schrieb ich in mein Tagebuch: „Hat toll geklappt.“ Hatte ich welche mit dem Rohrstock bekommen, schrieb ich: "Habe beim Freund auf der Querstange vom Fahrrad gesessen. Habe richtige Striemen am Po davon.“

„Jetzt muß ich extra mein letztes frisches Hemd anziehen“,sagte Ernst, „nur weil unser Landesfürst kommt.“ Alle klatschten wir unsere Haare naß, zogen tiefe nicht verrutschbare Scheitel und saßen pünktlich wie brave Lämmer im Schulraum. „Sie kommen“, rief Karl, den wir auf Horchposten geschickt hatten. „Tolles großes Auto, mit Chauffeur.“ Lautes Lachen im Aufenthaltsraum kündete den hohen Besuch an. „Und das haben sie alles selbst erlebt, Herr Strohmeyer?“ sagte die fremde Stimme. Strohmeyer hatte einen Zuhörer gefunden und ihm sicherlich ein tolles Jagderlebnis erzählt. Die Herren kamen in den Schulraum. Wir standen. Einzelne legten noch die Hände an die Hosennaht. Ist vorbei, dachte ich und ließ die Hände locker hängen. „Guten Tag, meine Herren“, sagte der Minister, er war es wirklich, „setzen Sie sich.“ Er trug einen sportlichen Anzug, Jacke mit Golffalten. Grün von oben bis unten war Strohmeyer gekleidet. Der Minister setzte sich auf den für ihn bereitgestellten Stuhl, und Strohmeyer begann mit dem Unterricht. „Ich nehme einen Stoff durch, den wir schon einmal behandelt haben. Nur wenige Fragen werde ich stellen“, hatte uns Strohmeyer schon vor Tagen gesagt. Überschrift: Staatsbürgerkunde. Fing Strohmeyer doch wirklich ganz vorne an! Dorfformen. Haufendorf, Runddorf, Angerdorf, Reihendorf und Marschhufendorf. Keins ließ er aus. Ein wenig zog der Herr Minister zunächst die Nase kraus, dann schmunzelte er vor sich hin. Sicherlich dachte er über Strohmeyers Jagderlebnisse nach. Die Zeit verflog, wir wurden kaum gefragt, Strohmeyer erzählte. Nach den Dorfformen streifte er noch die Staatsformen, hörte aber bei der Monarchie auf. Dies nahm der Herr Minister zum Anlaß, Strohmeyer für den aufschlußreichen und lebhaften Unterricht zu danken. „Da möchte ich“, so sagte er wörtlich „auch noch einmal zur Schule gehen.“ Dann sagte er, wir, die Jugend, seien die Gestalter der Zukunft, und wünschte uns alles Gute, einen guten Abschluß auf der Ackerbauschule und eine friedliche Zeit in der Landwirtschaft. Strohmeyer sagte uns, daß er noch einen Feldrundgang mit dem Minister machen würde. Wir könnten unsere Arbeit wieder aufnehmen. Draußen hörten wir noch, wie Strohmeyer zum Minister sagte: „Die Ernte geht gut voran, und die Jungs haben tüchtig geholfen.“ Der Minister nahm es freudig zur Kenntnis und sagte schon im Gehen: „So etwas höre ich gerne. Wir brauchen tüchtige Landwirte, die unsere Ernährung sichern." Karl fand als erster die Sprache wieder: „Immer wir, immer die Kleinen." Alle klopften wir ihm auf die Schulter, wir waren doch auch damit gemeint.

„Wieder umziehen", stöhnte Helmut. „Du", sagte ich, „hör mal, der Minister ist noch laut am lachen." Die Fenster standen weit auf, aber wir trauten uns nicht aus dem Fenster zu gucken. „Ich wette, Helmut, der Strohmeyer hat dem Minister die Geschichte vom Kronenzwölfer erzählt." „Mmmmmm, weiß nicht mehr." „Paß auf, ganz kurz, damit du dich erinnerst. Es machte bumm, die Läufe fliegen im Feuer zusammen. Der Jäger, nicht Strohmeyer, tritt an den Hirsch heran, sieht gar nicht erst nach dem Schuß, wirft seinen Lodenmantel dem Hirsch über den Träger, nimmt sein Jagdmesser heraus und will die Grandeln ausbrechen, nein, das heißt ja auslösen, da wird der Hirsch hoch und geht mitsamt dem Lodenmantel ab. Er hatte den Hirsch mit seiner Kugel nur gestreift. Es gibt dafür einen bestimmten Ausdruck. Ich hab ihn vergessen." „Jägerlatein." Ralf stürmte in unser Zimmer, ließ die Tür sperrangelweit offen, so daß Helmut ihm barsch sagte: „Habt ihr zu Hause Säcke vor den Türen?" „Oh weh, die feinen Herren!" stöhnte er, machte die Tür zu und sagte: „Habt ihr schon den großen Wagen vom Minister gesehen? Ein ganz alter Horch. Und wißt ihr was, der Chauffeur sitzt in der Küche und schäkert mit Ursula und löffelt unsere Kaltschale." „Na und?" antworteten wir. „Dem spielen wir einen Streich!" sagte Ralf. „Wir verstopfen den Auspuff vom Horch, dann kann der Lackaffe von Chauffeur sein Auto anschieben."

Wir mußten auf's Feld und hatten die Sache schon vergessen. Weizen aufstellen am großen Gänseberg. Die Arbeit ging uns flott von der Hand. Emil, der alte Landarbeiter, kam mit seiner Sense vorbei. „Wie geht's, Jungs?" So sprach er uns immer an. Alle auf dem Gut mochten ihn. Immer trug Emil eine Weste, auch bei noch so großer Hitze. „Was gegen die Kälte gut ist, ist auch gegen Hitze gut", sagte er, wenn er darauf angesprochen wurde. Und er kaute seinen Priem. „Wo waren Sie, Emil?" fragten wir. Alle nannten ihn Emil, keiner wußte seinen Hausnamen. Erst spuckte er einen gekonnten Strahl braunen Speichel aus. „Hinten am Wald, habe den Weizenschlag angemäht, dort soll morgen der Weizen mit dem Binder gemäht werden. Mußte viel anmähen, da der Binder sonst in den Kartoffelschlag fahren muß." Wieder spie er seine braune Brühe aus, ein ganz feiner Strahl war es. Ich werde es auch üben, dachte ich. „Ich helfe euch", sagte Emil. Legte seine Sense vorsichtig an den Feldrand. Wie immer trug er Ledergamaschen. Bei den Stoppeln muß man einfach hohe Schuhe tragen, noch besser Stiefel, sonst sind die Füße zerstochen. Nach zwei Stunden hatten wir es geschafft, dank der Hilfe von Emil. Auf dem Rückweg fragte mich Elmar: „Hast du einen braunen Fleck bei Emil hinterm Ohr gesehen?" „Nee, wie kommst du darauf?" „Na ja", sagte Elmar, „man erzählt, Emil würde beim Essen seinen Priem hinters Ohr stecken. Ist er dann mit dem Essen fertig, holt Emil seinen Priem hinterm Ohr weg und steckt ihn wieder in seinen Mund. Ist aber ein feiner Kerl."

Der Wagen vom Minister stand noch auf dem Hof. Der Chauffeur, ein großer, noch recht junger Mann, stand in seinem dunkelbraunen Anzug gelangweilt im Hof. Oben flüsterte uns Karl ins Ohr: „Ralf und Ernst haben dicke Kartoffeln in den Auspuff gesteckt." Er linste dabei immer wieder aus dem Fenster. Das wird spannend. Wir wuschen uns, beeilten uns dabei mächtig, zogen eine andere Hose an und harrten der Dinge. Lange brauchten wir nicht warten. Der Minister und Strohmeyer kamen von ihrem Feldrundgang zurück. Wir sollten, soweit schon wieder auf dem Hof, runterkommen, rief Finger uns zu. So könnten wir dem Minister, unserem Landesfürsten, noch „ade" sagen, wie Finger sich ausdrückte. Strohmeyer und der Landesfürst nahmen im Wagen Platz, der Chauffeur schloß die Türen, wobei er uns keines Blickes würdigte. „Jetzt paß auf", Ralf stieß mich an. Der Anlasser schnurrte und schnurrte, aber es tat sich nichts. Konnte ja auch nicht! Wenn das Weidloch verstopft ist, kommt nichts raus. Der Chauffeur stieg aus, riß die Motorhaube auf, sah fachmännisch und wütend zugleich auf den Motor, drückte irgendwo drauf. Stieg ein. Inzwischen waren wir dem Gefährt näher gerückt. Ein weiterer Versuch. Nichts, nur knurrende Geräusche. „Anschieben!" Strohmeyer hatte sein Fenster runtergedreht, „los, alle anschieben!" Viele Lausbubenhände schoben seitlich und von hinten. Es knatterte, es knurrte, dann waren wir schon aus dem Hof raus, ein erlösendes blubb, blubb. Eine dicke Wolke hüllte uns ein, der Wagen schoß davon. Strohmeyer winkte noch aus dem Wagenfenster. Lehrer Finger war an der Tür stehen geblieben. „Was war?" fragte er. „Keine Ahnung", wir zogen die Schultern hoch, „wir wissen es nicht." „Und das soll ich euch glauben?"

„Die Geschichte dürfen wir niemanden erzählen, sie glaubt uns ohnehin niemand", sagten wir, als wir am späten Abend dem Melkdienst unseren Streich erzählten. Sie hielten sich den Bauch vor Lachen, wir anderen lachten noch einmal mit. „Niemandem!" „Versprochen!" In mein Tagebuch schrieb ich: „Der Landesfürst war bei uns. Erst gab's einen Donner, dann fuhr sein Auto wieder."

Was der Mond verbirgt, beleuchtet die Sonne

Es gingen drei Jäger wohl auf die Pirsch, sie wollten jagen den weißen Hirsch. Husch, husch, piff, paff, trara. Dieser Vers fiel mir sofort ein, als uns Strohmeyer mitteilte, daß wir eine ganz besonders wichtige Aufgabe zu übernehmen hätten. Sicherlich, so sagte er, hätten wir doch schon festgestellt, daß der Mohn reif würde. Und da aus Mohn nicht nur ein hervorragendes Öl gepreßt werden könne, sondern die Eichsfelder auch eine Vorliebe für Mohnkuchen hätten, sei die Gefahr groß, daß nachts das Mohnfeld leer geraubt werde. Das Schulgut könne dann seine Ablieferungspflicht nicht erfüllen, und das habe Folgen, das wüßten wir ja. „Also ab Feierabend werden jeweils drei Schüler für drei Stunden im Wechsel die ganze Nacht Mohnwache halten. Die Einteilung könnt ihr selbst vornehmen." „Alles klar! Bekommen wir Waffen? Müssen wir unsere Gesichter schwarz anmalen, damit wir in der Dunkelheit nicht gleich erkannt werden?" „Unsinn, weder das eine noch das andere. Nehmt euch einen Spazierstock oder sonst einen Stock, so könnt ihr eure eigene Angst in Grenzen halten." Am selben Abend sollte es losgehen. Sollte das Wetter weiter so gut bleiben, würden wir in einigen Tagen mit der Mohnernte beginnen können. Strohmeyer nahm mit uns noch das Ernteverfahren für Mohn durch. Die Stunde war rum. „Gibt es für jeden Tag eine Parole? Sonst verprügeln wir vielleicht unseren Lehrer, wenn er einen Kontrollgang macht." Wir redeten alle durcheinander, jeder wußte eine bessere Parole. „Schließmohn", rief der eine. „Quatsch, kommt doch jeder drauf." So ging es hin und her. „'Weiberhof', das ist die richtige Parole." Strohmeyer hatte uns von seinem Buch „Der Weiberhof" erzählt, und nun sollte die Parole so heißen. Alle waren einverstanden. Strohmeyer nickte, als er rausging: „Meinetwegen." Der Unterricht war zu Ende. Nun kam die Einteilung. Jeder wollte die erste oder die letzte Wache haben, das lag nahe. Unser Stubenältester schrieb an die Wandtafel, wenn sich drei einig geworden waren. Zuletzt paßte alles. Immer drei Schüler bekamen gerecht aufgeteilt für die nächsten Tage ihre Wachzeit. Der Melkdienst wurde ausgeschlossen.

Heute abend war ich mit Ingo und Helmut für die Zeit von 9 Uhr bis 12 Uhr nachts an der Reihe. Wir zogen uns gar nicht erst aus, sondern legten uns in voller Montur auf unseren Strohsack, um ein wenig zu dösen. Unsere Knüppel, die wir uns am Nachmittag noch schnell besorgt hatten, lagen schon griffbereit am Bett. Diese ersten Augusttage waren heiß, das Thermometer zeigte über 35 °C an. Und nachts kühlte es sich bis circa 10 °C ab. So waren wir richtig froh, nach der Tageshitze noch ein paar kühlere Nachtstunden zu genießen. Als wir kurz vor neun Uhr loszogen, war es noch hell. „Parole!" rief uns die jetzige Wache entgegen. Sie hatten sich in das angrenzende Kartoffelfeld gelegt und wollten uns erschrecken. Doch an ihrem lauten Kichern hatten wir sie längst ausgemacht und mit Erdkluten beworfen. „Ergebt euch, ihr seid umzingelt", riefen wir. Sie kamen aus ihren Furchen gekrochen. „Der Mohn schmeckt schon richtig gut", sagten sie. „Wir haben schon tüchtig davon genascht. Müßt aber ins Feld gehen und hinten zum Hof, sonst fällt es auf". „Keine besonderen Vorkommnisse", meldeten sie noch zum Überfluß, knallten dabei die Hacken zusammen, daß es weit in die beginnende Nacht hallte. „Danke, abtreten." Sie verschwanden, wir waren allein. So langsam zog die Dämmerung auf. Wie sagte Strohmeyer dazu? „Im letzten Büchsenlicht." Es war zunehmender Mond, und die Mondsichel hatte schon fast die volle Scheibe erreicht. Am Wegrand setzten wir uns hin und

Statussymbol: der Spazierstock

horchten in die Nacht. „Meinst du, es kommen welche?" „Bestimmt nicht. Die Duderstädter wissen bestimmt nicht, daß wir Mohn angebaut haben." „Aber alle im Dorf wissen es." „Ach, ich glaube, die füllen sich die Taschen beim Dreschen. Wenn die Hitze anhält, wird der Mohn nur wenige Tage in der Hocke stehen und dann gleich gedroschen." „Ich mag Mohnkuchen", sagte Helmut, „aber zuviel darf man davon auch nicht essen. 'Gibt Kopfschmerzen', hat meine Mutter gesagt." Helmut schwelgte. „Du", sagte er ganz entrüstet, „jetzt weiß ich es. Ich sollte meinen Bauch nicht so vollschlagen mit dem Mohnkuchen, das war der Grund! Gibt gar keine Kopfschmerzen." „So soll es wohl sein", antwortete ich. „Wahrscheinlich wie mit dem Senf: 'Iß nicht soviel Senf, von Senf wird man dumm.' Unsere Eltern haben uns ganz schöne Bären aufgebunden."

Bis jetzt hatten wir die Kühle als angenehm empfunden, doch allmählich kroch die Nachtkühle den Rücken rauf. „Verdammt, ich habe schon einen ganz nassen Hintern", meinte Ingo. Wir betasteten gleichfalls unsere Hinterpartie: „Stimmt." „Wir machen eine Runde, wenn der „Spazierstock" kommt – der weiß ja die Parole nicht – dann verdreschen wir ihn. „Spazierstock" nannten wir den ganz jungen Verwalter, der erst kurz vor uns auf dem Wallhof angefangen hatte. „Spazierstock" deshalb, weil er sich schon wie ein Inspektor vorkam. Nie ging er ohne Spazierstock übers Feld. Natürlich war es purer Neid von uns, wollten wir doch auch schon Verwalter sein und mit dem Spazierstock übers Feld gehen. Noch waren wir seine Knechte, so dachte er. Aber zu sagen hatte er uns nichts. Nur unsere vielen Dummheiten petzte er gleich unserem Schulleiter Strohmeyer.

Zusammen gingen wir einmal an der Kopfseite des Mohnfeldes entlang, dann noch an der Seite, wo der Weg zum Wallhof führte. „Ich will einmal an die Rückseite gehen, ob da schon jemand geerntet hat,"meinte ich. „Wir gehen mit", sagten die beiden. Durch eine Kartoffelfurche kamen wir an die hintere Schlagseite, die auch an ein Kartoffelfeld grenzte. Soweit wir im Mondlicht erkennen konnten, waren keine Mohnköpfe abgerissen. Wir faßten immer wieder einzelne Mohnköpfe an, um zu prüfen, ob sich der Mohn in der Kapsel schon schütteln ließ. „Er braucht noch ein paar Tage", stellten wir fachmännisch fest. „Du", bemerkte ich laut, „da fühlen sich einige Mohnkapseln aber so leicht an." Ich untersuchte so einen Mohnkopf: er war fast leer. An der Seite war ein Schnitt. „Die haben die Kapseln leer gemacht, aber nicht abgerissen. So sieht es aus, als wäre alles in Ordnung." Sofort nahm ich mein Taschenmesser heraus, schnitt eine Kapsel an der Seite vorsichtig auf, hielt die Hand darunter, quetschte den Inhalt in die hohle Hand und gleich in das Geäse. „Mmmmm, der schmeckt vorzüglich!" „Leih mir einmal dein Messer, ich habe es vergessen." „Aber Ingo, wie kann man nur ohne Messer losgehen. Was für einen Lehrherrn hast du gehabt! Geh nie ohne Messer, Bindfaden, Nagel in der Hosentasche aus dem Haus. Merke dir das!" „Ist ja gut". Er war beleidigt. „Hast du noch nie etwas vergessen?" „Doch, aber noch nie mein Taschenmesser." Auch er schnitt eine Kapsel auf und rief gleichfalls vor Wonne: „Köstlich!" Helmut sagte gar nichts, weil er nicht konnte. Er hatte beide Backen voll und mahlte wie mit zwei Mühlsteinen den Mohn. In unserem Eifer waren wir ganz laut geworden. „Seid still!" Wir unterbrachen unser Kauen und horchten in die Nacht. Nichts. Eine Nacht hat ihre eigenen Laute. Irgendwo in der Ferne kläffte ein Hofhund, ein Mäuschen raschelte durchs trockene Gras am Weg. Eine Kette schepperte im Stall vom Wallhof. „Ich höre besser auf, sonst gibt's Bauchgrimmen." „Ist wohl besser", meinten auch die anderen beiden. „Siehst du da oben am Himmel den Großen Wagen?" fragte ich. „Wo?" fragte der Angesprochene. Ich zeigte in die Richtung. „Ich sehe nichts", antwortete er. „Paß auf. Einen Daumensprung vom Mond zum Wallhof hin, und du landest genau auf der Deichsel vom Großen Wagen." „Du immer mit deinem Daumensprung, das verstehe ich nie."

Vom Turm der Sankt Stephanus Kirche schlug es zwölf Uhr Mitternacht. Wo blieb unsere Ablösung? Wir gingen ihnen entgegen. Kurz vor dem Weizenschlag kam die Ablösung angetrabt. „Den Ernst haben wir nicht wach gekriegt." „Keine besonderen Vorkommnisse." In Anbetracht der späten Stunde verzichteten wir aufs Hackenzusammenschlagen. Wir taten es zu gerne, da viele von uns noch Eisen, gleich einem Gaul, unter dem Absatz hatten. Das knallte ganz gut. Das Geheimnis, Mohn zu mopsen, ohne daß es auffiel, verrieten wir. „Habt ihr ein Taschenmesser dabei?" „Na klar." „Geht aber an die Wallhofseite, sonst fällt es doch noch auf. Und einen Daumensprung vom Mond zum Kirchturm, und du sitzt auf der Deichsel vom Großen Wagen." „Doof! Geht schnell nach Hause", sagten sie, „der Mohn zeigt schon seine Wirkung."

Beim Aufstellen der Garben, wenige Tage später, stellte ein Arbeiter lakonisch fest: „Hier ist ja kaum noch Mohn in den Kapseln!" Ernst, der beim Aufstellen geholfen hatte, hätte geschwiegen und mit den Schultern gezuckt, wie er uns erzählte.

Die Rache, die aus der Flasche kam

Die Roggenernte ging dem Ende zu. Meistens war es unsere Aufgabe, nachmittags die Roggengarben in Hocken aufzustellen, von dem Roggen, welcher morgens vom Mähbinder gemäht worden war. Es waren die letzten Sommertage, sie waren heiß; oft zeigte das Thermometer über 35 °C an. Der Schweiß floß in Strömen. Viel zu oft waren die Roggenbunde schon geplatzt oder rissen, wenn wir sie aufnahmen. Das Bindegarn war schlecht oder oft auch aus Papier. So schaffte der Binder keinen ordentlichen Knoten, und wir hatten die zusätzliche Arbeit, mit dem Stroh die Bunde wieder zusammenzubinden. Hoffentlich hält der Binder die Ernte noch aus, war immer unser banger Gedanke. Immer wieder waren Reparaturen fällig. Er hielt nicht durch.

Heute mähten die Arbeiter den Weizen mit der Sense. Weil nicht genug Frauen zum Garbenbinden da waren, wurden wir mit herangezogen. Rote Köpfe, der Buckel bekam eine lederne Schwarte, die Arme waren zerkratzt. War die Arbeit getan, gab der Tümpel vor dem Mittelhof uns die Möglichkeit, unsere Schwarte zu suhlen und einmal voll ins kühle Wasser zu tauchen. So auch heute. Eigentlich durften wir nicht im Auffangbecken baden, denn es diente den Kühen als Wasserspeicher für den Stall. Auf dem Mittelhof standen keine Kühe, so drückte Lehrer Finger beide Augen zu. Außerdem ging die Duschanlage ohnehin wieder nicht. Heute waren es fast 38 °C gewesen, eine Bullenhitze lag über den Feldern. Schon mit Badehose und Handtuch versehen, gingen wir zur Suhle. Wir spritzten uns gegenseitig naß und tauchten den Kopf unter Wasser. Köpfe ins Wasser, Beine in die Höh'. So überhörten wir, daß Ursula, hinter der Scheune stehend, uns etwas zurief. Zuerst hörten wir wirklich nichts, dann taten wir so, als hörten wir nichts, indem wir einmal auf dem einen Bein, dann wieder auf dem anderen Bein hüpften, um das angebliche Wasser aus den Ohren zu schütteln. „Laß die Ursula mal näher kommen", raunte mir Rudi ins Ohr. „Und dann schmeißen wir sie ins Wasser." Wir tobten weiter, damit sie näher kam. Sie kam näher und rief, in der Annahme, wir seien wirklich halb taub: „Ihr müßt noch Holz in den Keller bringen. Befehl von Fräulein Kunigk." Wir setzten aufs Ganze. „Was ist los?" riefen wir. Wütend kam sie zu uns, tickte Rudi an und brüllte: „Holz muß noch in den Keller! Verstanden?" Viele kräftige Arme griffen zu, nahmen Ursula an Armen und Füßen und schwupp, lag sie im Wasser. „Ihr Lausebengels!" schimpfte sie. „Ihr Himmelhunde, das gibt Rache." Pudelnaß und triefend lief sie von dannen. Wir jubelten vor Übermut. „Das uns dies gelungen ist, ich hätte es nicht geglaubt", sagte ich.

Wir zogen ab zum Hof, von dort kamen uns andere Schüler entgegen. Sie hatten Erbsen abgeladen und sahen aus, als hätten sie schon in der Suhle gelegen und die Sonne hätte den Schlamm getrocknet. „Habt ihr auch noch Wasser im Tümpel gelassen?" riefen sie schon von weitem. Die Frage war fast berechtigt, denn der Tümpel war nur knapp einen Meter tief und hatte einen Durchmesser von vielleicht fünf Metern. „Ist Ursula freiwillig baden gegangen oder habt ihr nachgeholfen?" fragte Ernst. Stolz antworteten wir: „In hohem Bogen haben wir sie ins Wasser geschmissen." „Alle Achtung. Aber die nimmt bestimmt Rache", sagte Ernst. „Seht euch vor!"

Wieder angezogen, schleppten Rudi und ich einige Körbe Holz aus der Scheune über den Hof in den Keller und stapelten das Holz sorgfältig auf. Fast waren wir damit fertig, als Ursula, in einem frischen Sommerkleid, mit einer Flasche zu uns in den Keller kam. „Rudi", sagte sie, „riech doch einmal an der Flasche, ist der Saft noch gut? Soll für einen Pudding sein. Mußt aber tüchtig durch die Nase einziehen, sonst kannst du es nicht fesstellen." Rudi zog tief durch die Nase den vermeintlichen guten Duft der Flasche ein. Fluchend hielt er seine Nase zu. Nach Luft ringend keuchte er: „Mir verschlägt es den Atem. Was ist in der Flasche drin?" Ursula antwortete ganz kühl: „Einfach, nur die Rache." Damit hielt sie mir die Flasche unter meine Nase. Natürlich war ich vorgewarnt und äußerst vorsichtig. „Au, verdammt! Beißender Geruch, das ist Essig!" röchelte ich. „Du bist ein Biest", schimpfte ich, „jetzt sind wir aber quitt." Rudi hatte seine Sinne wieder und sagte: „Die anderen sollen auch was davon abbekommen, wir haben dich ja alle ins Wasser geworfen. Wenn die anderen gleich kommen, schicken wir sie dir einzeln in den Keller. Abgemacht Ursula? Du sollst deine Rache auskosten." Sie antwortete: „War eine schöne Abkühlung!" Draußen warteten wir vor der Tür und schickten die anderen drei Mittäter einzeln unter irgendeinem Vorwand in den Keller.

Als wir dann alle oben in unseren Zimmern waren, lachten wir uns halb kaputt. Einmal über uns, dann über Ursula. Wir schwitzten schon wieder und waren reif für das Tümpelbad. Diese Bullenhitze.

Vom sicheren Wechsel in den Bau

Meine ganze Aufmerksamkeit richtete sich auf eine Fliege, eine ganz gewöhnliche Stubenfliege. Sie saß auf dem Radiergummi von Helmut, meinem Nachbarn zur Rechten. Mal nahm die Fliege die zwei Hinterbeine, um damit über ihre Flügel zu streichen. Fast im Takt geschah dies. Dann waren die Vorderbeine wieder an der Reihe; dies erfolgte unterschiedlich, also nicht gleichzeitig mit beiden Beinen über den Kopf, sondern das linke Bein strich über die linke Kopfhälfte, während das rechte Vorderbein erst auf dem Wege zum Kopf war. Interessant. Wie schon gesagt, meine ganze Aufmerksamkeit war der Fliege gewidmet. Warum, fragte ich mich, mit den Hinterbeinen gleichzeitig, mit den Vorderbeinen aber nicht? Inzwischen hatte auch Helmut die Fliege auf seinem Radiergummi entdeckt. Und so merkte ich, daß auch sein Blick von der Tafel schweifte, an der sich Lehrer Finger bemühte, seinen schläfrigen Schülern die Reifestufen beim Getreidekorn einzutrichtern. Noch vor wenigen Minuten hatte er auf eine nicht beantwortete Frage gesagt: „Einhämmern, einbläuen, einmeißeln werde ich es. Eure hohlen Köpfe mit Wissen füllen, damit ihr es dann in der Praxis umsetzen könnt.“ Wir hatten verstanden. „Ja.“ Doch draußen schien die Sonne, und ein herrlicher Duft von reifendem Getreide wehte durch die geöffneten Fenster. Ein herrlicher Sommertag. Die Gerste würde nun bald die Vollreife erreicht haben. „Prüft draußen auf dem Feld, ob die Milchreife schon beendet ist und ob auf einigen Schlägen schon die Gelbreife eingetreten ist.“ Dies nahm ich alles wahr und schrieb mir auch die Reifestadien auf. Auch ein schönes Samenkorn malte ich dazu. Helmut hatte aufgehört zu schreiben. Er nahm seinen schön gespitzten Bleistift, und mit der Spitze voraus zielte er auf die Fliege, um ihr, so vermutete ich, mit einem gezielten Stoß nach ihrem Fliegendasein zu trachten. Die Spitze des Bleistiftes schien mir dazu geeignet, wie ich erkennen konnte. Doch war seine Hand ruhig genug, den Stoß durchzuführen? Strohmeyer würde seine „Silbergraue“ hochreißen und die Kugel fliegen lassen. Deutlich zeichnete die Fliege, welch ein Gefühl des Erfolges. Waidmannsheil. Helmut mußte eine gleiche Überlegung vorgenommen haben, denn er drehte den Bleistift rum, um mit einem gezielten Schlag dem Spuk ein Ende zu bereiten. Ein winziges Wölkchen schob sich vor die Sonne. So wurde der Sonnenplatz der Fliege auf dem Radiergummi für den Bruchteil einer Sekunde von einem Schatten gestreift. Dies genügte: Die Fliege hob ab. Der mit Wucht und zielsicher treffende Bleistift wirbelte das ohnehin vom vielen Gebrauch ungleich abgenutzte Radiergummi über den Tisch. Lehrer Finger murmelte etwas von „Ohren lang ziehen“, Strohmeyer hätte Ohren durch „Löffel“ ersetzt, beide meinten aber das gleiche. Mit den Worten „Wir sind nicht in einer Mädchenklasse“ ging Lehrer Finger zu seinem Lehrstoff über. Die Fliege saß nun auf Pauls dichtem Haarschopf. Ihre Körperpflege hatte sie eingestellt. Pauls Kopf nickte nämlich in Abständen nach vorne, dies deutete sie als Gefahr und blieb wachsam. Die Sonne schien so herrlich durch die leicht geöffneten Fenster, dazu kam der Duft von vielen Blüten. Eine herrliche Zeit.

„Ich brauche dringend Schreibpapier“, fast synchron mit Helmut und Ralf sagte ich es. Wir drei hatten Stalldienst, und dies bedeutete, daß wir nachmittags nicht mit aufs Feld brauchten. Erst am Abend mußten wir zum Stalldienst. Das schafften wir gut bis zum Abend: hin nach Duderstadt und zurück. So schoben wir drei gleich nach dem Mittagessen ab. Fräulein Kunigunde gab uns noch einen kleinen Auftrag mit auf den Weg. Meist war es, Gewürze einzukaufen; so auch heute. Im Dorf und auf den Höfen war noch Mittagsruhe, als wir auf der Dorfstraße erst in Richtung Hundeshagen gingen. Dann bogen wir auf die Landstraße nach Bleckenrode ein. Von den vielen Besuchen in Duderstadt wußten wir genau, wo wir den Weg abkürzen konnten. Aber auch, wo wir ein wenig Obacht geben mußten, ob nicht doch eine Streife der Grenzpolizei unterwegs war. In den letzten Monaten waren immer mehr Grenzpolizisten in den umliegenden Ortschaften stationiert worden. Dies behagte uns überhaupt nicht, fühlten wir uns doch in unserem Aktionsradius eingeengt. Noch vor Bleckenrode bogen wir ins Feld, ließen den Mäuseberg rechts liegen und verschwanden im Wald. Vom diensthabenden Eichelhäher bereits angekündigt, waren wir das letzte Stück schweigsam gelaufen, plauderten wir jetzt wieder völlig unbefangen. Und fast immer an der gleichen Stelle erinnerten wir uns an den Streich, den wir mit Karl getrieben hatten.

Immer hieß es nur, wir gehen in die andere Zone. Eigentlich wechselten wir ja auch nur von der Sowjetischen Besatzungszone in die Britische Besatzungszone. Und dabei überschritten wir die neu geschaffene „Demarkationslinie". Als wir mit Karl nach Duderstadt ins Kino gingen, es dämmerte schon ein wenig, versprachen wir dem kleinen Karl, ihm genau die Demarkationslinie zu zeigen. So suchten wir dann alle emsig im Wald, wir waren schon am Pferdeberg, also weit in der Britischen Besatzungszone, fleißig den Faden am Boden. „Hier irgendwo verläuft die Linie", sagten wir mit treuem Dackelblick und kratzten hier und dort mit den Füßen im Waldboden. „Ganz deutlich zu erkennen", schwörten wir. Ein Blick damals auf die Uhr, wir mußten unseren Spaß beenden. Denn den Film wollten wir nicht verpassen. „Unter den Brücken" von Helmut Käutner wurde im Kino gezeigt. Ein darauf eingelegter Dauerlauf ließ uns den Film von Beginn an sehen.

Drei angehende Verwalter

Bei unserem Geplauder über den geglückten Streich mit Karl waren wir in Duderstadt angekommen. In der Buchhandlung bekamen wir jeder einen Schreibblock, mehr gab es nicht, da half auch kein Bitten. Für unsere Kameraden könnten wir auch nichts schnorren, sie müßten selber kommen. Alles wäre rationiert. Das wußten wir lange. Majoran und Pfeffer konnten wir aber für Kunigunde in einem Geschäft ergattern. „Kehrt marsch, wir müssen pünktlich im Kuhstall sein." Melkermeister Sauerbier achtete sehr darauf. Ab dem Grickental bewegten wir uns wie auf einer Pirsch, stets darauf achtend, den sicheren Wechsel nicht zu verlassen. Die Sonne stand schon ein wenig schräg, als wir am Mäuseberg den Weg zur Straße einschlugen. Am liebsten hätten wir ein flottes Marschlied gesungen, um unseren Läufen, die anfingen zu lahmen, ein wenig auf die Sprünge zu helfen. Oh je, oh je, das hatte keiner von uns erwartet, da standen auf der Straße zwei Polizisten. Sie mußten hinter den

Obstbäumen gestanden haben. Beide waren uns bekannt. Wochenlang durften sie bei uns auf dem Mittelhof essen, da ihre Truppe zu klein war, um eine eigene Küche zu halten. „Woher kommen Sie?" fragten sie ganz im dienstlichen Ton. Der Frager war der lange Willi. Bekannt dafür, uns die Mädchen beim Tanz in Berlingerode wegzuschnappen. Mit ihm Streit anzufangen, war zwecklos, er überragte selbst Helmut und mich, und wir beide waren die Größten in der Schule. „Wir brauchten dringend Schreibpapier für den Unterricht", antworteten wir ehrlich. „Und hier in der Zone gibt es nichts." Majoran und Pfeffer verschwiegen wir. „Mitkommen." Der lange Willi ging links von uns, der andere einen Schritt zurück rechts von uns. Das war wohl Vorschrift, vermutete ich. Aber wir fanden es blöd, so abgeführt zu werden. Keinen Mucks sagten wir auf dem ganzen Weg. Gut, daß uns nur wenige auf dem Weg durchs Dorf zur Wache gesehen hatten. Auf der Wache angekommen, wurden wir in einen Raum gesetzt. Weiter passierte nichts. Einen Wachhabenden baten wir immer wieder, unseren Schulleiter zu informieren. Er lehnte es strikt ab. Die Zeit, in der wir unseren Melkdienst anzutreten hatten, rückte näher. Unlustig beäugten wir das Zimmer. Ein Tisch, vier Stühle, mehr gab es nicht. Die Fenster ließen sich öffnen, aber was hätte es genutzt, unsere Ausweise hatten sie, und sie wußten, wo sie uns wieder finden würden. „Ich habe Kohldampf bis unter die Arme", stöhnte Ralf. „Diese Piesepampels", flüsterten wir leise, „lassen uns schmachten."

Viel später erfuhren wir, daß Strohmeyer von einem Bauern erfahren hatte, daß wir auf der Wache waren. Er hatte daraufhin unsere sofortige Freilassung gefordert. Doch die Mühlen der Staatsgewalt mahlen langsam. Von Strohmeyer waren auch Finger und Kunigunde von unserem Pech informiert worden. Die treue Seele dachte an unser Wohlergehen, und so kamen zwei Schüler am späten Abend auf die Wache. In ihrem Korb hatten sie unsere Abendbrotschnitten und Kunigundes berühmten Kräutertee. Tassen und Teller für alles war gesorgt. Großzügig ließ der Wachhabende die beiden zu uns. Sie flüsterten: „Feind hört mit." Leise sprachen sie davon, daß Strohmeyer versuchen wollte, uns so schnell wie möglich aus dem Bau wieder herauszubekommen. „Nehmt unser Geld mit, auch die Schreibblöcke und die Sachen für Kunigunde", sagten wir. Die beiden verstauten alles in ihrem Korb und zottelten von dannen. Wir hatten nichts mehr. Jetzt konnten sie uns ruhig filzen. Sicherlich waren wir ungewollt in den Mittelpunkt des Abends gerückt.

Draußen war es zappenduster geworden. Und keiner der Wache machte Anstalten, uns zu entlassen oder uns in ein Gefängnis zu transportieren, wo uns zumindest eine harte Pritsche erwartet hätte und ein Kübel. Ralf murrte laut: „Ich muß aus der Hose." Die Wache hatte es mitbekommen. Einzeln durften wir jetzt auf die im Hof befindliche Toilette gehen. Auf die Frage, wo wir schlafen sollen, wußte der Wachhabende keine Antwort. Ohnehin hatte die Wachmannschaft gewechselt, und die wußte überhaupt nichts mit uns dreien anzufangen.

Ich hatte in meinem jungen Leben schon in vielen Lagen des Lebens geschlafen, auch Helmut hatte Krieg und Gefangenschaft, wie ich, erlebt und wußte sich zu helfen: Jacke aus, Kopf auf den Arm, Jacke auf den Oberkörper gelegt. Bald war ein Schnarchen zu hören, mal war ich dran, mal war es Helmut. Ralf konnte nicht schlafen. Im Halbschlaf zuckte er immer wieder zusammen. Am Morgen erfuhren wir von seinen Alpträumen. Nicht vor dem Hohen Strafgericht hatte er gestanden, nein, von der Schule hatte er geträumt. So erzählte er uns, daß der Lehrer durch die Bankreihen gegangen sei, und dann direkt auf ihn zugekommen sei. „Wo sind deine Hausaufgaben?" „Ich habe keine," hätte er gestammelt. „Am schlimmsten aber waren die Geräusche ganz dicht an meinen Ohren," meinte er. Wir konnten ihn aufklären. „Die Geräusche kamen von Helmut", sagte ich. „Er schnarcht jämmerlich." Helmut konterte: „Der Hans war es!"

Der Morgen graute, wir änderten unsere Lage und setzten

uns auf die Stühle. Nach geraumer Zeit kam ein Polizist, sah sich im Zimmer um, und so schien es uns, hatte Schwierigkeiten die Anzahl der Häftlinge festzustellen. Nach langem Zögern rief der Polizist dem Wachhabenden zu: „Es sind drei!" Oh Wunder, der gleiche kam mit einem Teller voll Brote, sie waren mit Rübenkraut beschmiert. Von der obersten Scheibe lief das Rübenkraut auf die darunter liegenden. Mit viel Geschick verzehrten wir unser Mahl. Später kam sogar noch eine Kanne mit Muckefuck mit Bechern aus Emaille. Viele Leidensgenossen mußten daraus schon getrunken haben und sie jeweils um ein Stück Emaille befreit haben. Auf unsere bescheidene Frage, wo wir uns ein wenig waschen könnten, verzog der Polizist sein Gesicht so eigenartig, daß wir uns augenblicklich Sorgen um ihn machten. Daher zogen wir unseren Antrag zurück und baten, nur auf die Toilette gehen zu dürfen. „Ja, ja, natürlich", sagte er, winkte uns raus. „Wissen Sie, wo?" Nicken unsererseits. Wir schoben los. „Kein Papier!" schrien meine beiden Mithäftlinge. Nie ging ich ohne fein auf Größe geschnittenes Zeitungspapier in der Hosentasche aus dem Haus. Erfahrung macht klug! Großzügig versorgte ich beide. „Das werden wir dir nie vergessen." Ich werde in meinem Tagebuch vermerken: „Zwei Häftlinge aus mißlicher Lage befreit." Ralf las laut einen Spruch vor, der auf seiner Toilette angebracht war: *„Nun dränget und drücket mit aller Kraft für die notleidende Landwirtschaft."* „Mir fehlt mein Morgentrunk im Kuhstall." „Mir auch."

In die Wachstube kam Bewegung, die Tür wurde aufgerissen: „Fertigmachen zum Abmarsch!" Da kein Gepäck vorhanden, meldeten wir, abmarschbereit zu sein. Wie gehabt ging einer der Wachen halb links, der andere mit Abstand halb rechts. „Quo vadis? Was heißt das? Wohin gehst du? Ins Kino. Was wird gespielt? Quo vadis? Was heißt das." Immer fiel mir in den unmöglichsten Situationen solch ein Blödsinn ein. Auf unsere Frage, wohin wir gingen, erhielten wir keine Antwort. Staatsgeheimnis. Bald erkannten wir, es ging in Richtung Günterode. Aber was sollten wir da? Die beiden Bewacher legten einen forschen Schritt ein. Für uns, leichtfüßig und ohne Gepäck, bedeutete es kein Problem mitzuhalten. Bereits als es bergauf ging, verlangsamten die Staatsdiener ihren Schritt. Allmählich meinte die Sonne es auch recht gut mit uns. Erntewetter. Hatten wir am Anfang nicht geplaudert, so sprachen wir jetzt ganz unbefangen von der kommenden Ernte. Oben am Waldrand hatte ein Bewacher ein natürliches Bedürfnis. „Hast du Papier?" fragte er seinen Kollegen. Nein, er hatte nicht. Auf dem Weg in den Wald, rupfte er hier und da Grasbüschel aus. Der Zweck war bekannt. Anschließend hatte er einen eigenartigen Gang, der sich erst vor Günterode wieder normalisierte. Unsere Bewacher wechselten ihre Knarre ständig von der einen Schulter auf die andere. Ganz lässig zogen wir unsere Jacken aus und warfen sie an einem Finger haltend über die Schulter. Dagegen schwitzten unsere Bewacher fürchterlich in ihren Uniformen. „Wenn wir acht Tage eingesperrt werden", sagte ich, dann ist die Gerstenernte vorbei. Ich habe immer Respekt vor den Grannen, überall sitzen sie in der Kleidung, und die Arme sind total verkratzt." „Dann will ich aber eine ordentliche Pritsche zum Liegen haben", maulte Ralf, „und eine Einzelzelle. Ich weigere mich mit euch noch eine Nacht zu verbringen."

In Günterode wurden wir wieder in ein Zimmer gesperrt. Das gleiche Kommando: „Hinsetzen, ruhig verhalten!" Auch hier, so erschien es uns, wußte niemand mit uns etwas anzufangen. Unsere Bewachung kaute ihr zweites Frühstück, wir bekamen nichts mit. Doch schon bald nach unserer Ankunft tuckelte ein Traktor vor, mit einem kleinen Gummianhänger. Wir wurden verladen. Die Bewacher hatten wieder Probleme mit ihren unhandlichen Gewehren. Als alle einen Platz gefunden hatten, ging die Fahrt los. Mächtig durchgeschaukelt wurden wir. So waren wir froh, als bereits in Heiligenstadt die Fahrt endete. Auf der Wache immer das gleiche Spiel: rein in ein Zimmer, und „Macht keine Fisimatenten." Warum sollten wir?

Der Oberste dieser Wache hatte viele Sterne auf den Schulterklappen. „Vielleicht werden wir jetzt verhört", meinten wir. „Wir sagen, wie es ist!" „Abgemacht." „Klarer Fall." Statt des erwarteten Verhöres gab es einen Teller magere Kohlsuppe. „Na", hänselte Helmut zu mir gewandt, „willste immer noch acht Tage brummen oder doch lieber Gerste aufladen?" Anschließend Toilettengang. Sauber, keine Sprüche. „Müssen bestimmt nachher noch die Latrine putzen, ist so üblich." „Schweig", murmelte Ralf, „ich kaue noch an der Suppe." Inzwischen entwickelten wir gewisse Instinkte: „Gleich geht's wieder los", stellten wir fest. Und so war es. Der mit den vielen Sternen legte den Hörer auf, deutlich zu vernehmen, kam ins Zimmer, und sagte, ganz Obrigkeit: „Fertig machen." In einem für fünf Personen viel zu kleinen Auto eingezwängt, ging die Fahrt los. Wir fragten nicht, wohin; eine Antwort bekamen wir doch nicht. Tüchtig durchgeruckelt wurden wir und schwitzten wie die Berserker, trotz des geöffneten Fensters. „Dingelstädt" stand auf dem Ortsschild. „Aussteigen." Wir streckten unsere steif gewordenen Läufe. Dann wurden wir in einen Raum geführt: ein Schreibtisch, drei Stühle. „Setzen." Der Kommandeur kam, die Wache im Raum nahm Haltung an. „Aufstehen." Mit leicht gesenkten Köpfen warteten wir auf das Urteil. „Von einer Strafe sehe ich ab. Diesmal." Im Wiederholungsfall kämen wir nicht so glimpflich davon. Wir ließen noch demütig unsere Lefzen herunterhängen, um schon für den Wiederholungsfall auf Gnade zu hoffen. „Raus, raus, Papiere vorne an der Wache abholen!" Auf unseren Dank , so war unser Eindruck, verzichtete er. Wir waren frei.

Es ging auf den Abend zu. Nach Berlingerode zu kommen, erschien aussichtslos. So besuchten wir Bekannte, bei denen wir etwas zu essen bekamen. Anschließend besuchten wir weitere Bekannte, hier bekamen wir nochmals zu essen, als Lohn für unsere schöne Geschichte. Diese wurde immer länger und ausführlicher, gewürzt mit dramatischen Details. Und schlafen konnten wir hier auch. Am nächsten Morgen, es war ein Sonnabend, ging es mit drei verschiedenen Verkehrsmitteln nach Berlingerode. Erst mit dem Zug, dann mit einen Traktor, und zuguterletzt, zeitgemäß, mit dem verläßlichsten Verkehrsmittel, den eigenen Füßen. Wie Helden wurden wir von unseren Kameraden empfangen. „ Morgen stellen wir die Gerste auf, es gibt gutes Wetter", sagte uns Strohmeyer, als wir uns bei ihm zurückmeldeten. Zu dem Mißgeschick, sagte er nichts. Auf unseren Einwand, wir wären auf ganz sicherem Wechsel gelaufen, äußerte Strohmeyer sich: „Haltet die Lauscher besser in den Wind! Und nun raus mit euch! Es ist Erntezeit."

Wir besuchen Schmalrehe in ihrem Gehege

Die Frauen aus dem Dorf waren zwar immer noch mit Rübenhacken beschäftigt, jäteten die Möhren oder vereinzelten den Salat, doch wir Schüler waren überwiegend von den Hackarbeiten befreit. Unsere Kreuze nahmen wieder eine gerade Haltung an, und die geschundenen Knie heilten vom vielen Auf-den-Knien-rutschen wieder ab. Lange Tage gab es. In meinem Kalender stand: „Sonnenaufgang: 3.57 Uhr, Sonnenuntergang: 20.23 Uhr“ und weiter: „Mondaufgang: 21.54 Uhr und Monduntergang“, ach, der spielt keine Rolle, denn da schliefen wir besonders fest.

Nach getaner Arbeit auf dem Felde und dem Abendbrot lagen wir auf der Lauer, bis die Dämmerung einsetzte. Für Strohmeyer war es das „letzte Büchsenlicht“, wie er sich ausdrückte. Für uns die Zeit, das Haus in Richtung Obstgarten zu verlassen, um uns unser Nachtmahl einzuverleiben. *Rote Kirschen eß ich gern, schwarze noch viel lieber. In die Schule geh ich gern. Alle Tage wieder.* Vor zwei Tagen war Vollmond gewesen, er half uns, die noch mit Kirschen vollsitzenden Zweige zu finden. Der Mond half aber auch, große Schatten von unseren Gestalten zu werfen, die jedem Flurhüter den Weg gewiesen hätten. Einen Flurhüter gab es nicht, aber dafür andere, uns nicht wohlgesonnene Rechtsvertreter. Doch die lagen um diese Nachtstunde bereits im Bett. Es lohnte sich nicht mehr, die meisten Kirschbäume waren abgeerntet. Wir erledigten die Nachlese. Bei dieser Art Tätigkeit wurde nicht viel gesprochen. Ein langgezogenes „mmmmhmmm“ genügte, um den anderen zu verstehen zu geben, hier ist noch was zu holen. Waren die Bäuche voll, machten wir einen kleinen Umweg und kamen vom Gerstenschlag zum Hof. Vorsicht heißt die Mutter der Porzellankiste. Das bald nach dem späten Nachtmahl einsetzende Rülpsen

Die ersten zarten Bande mit den Schmalrehen

und Pupen verlegten wir möglichst in die Schlafräume. Auf dem Strohsack ausgestreckt ließ es sich am besten aushalten. Die nicht vermeidbaren Geräusche ärgerten die Daheimgebliebenen doppelt. Einmal waren es die Geräusche und zweitens unser Wohlbehagen, einen vollen Bauch zu haben, weshalb Neidgefühle aufkamen. Uns dagegen verhalf unser Zustand, bald in einen tiefen Schlaf zu fallen.

Am darauffolgenden Morgen begann der Kampf um eine freie Toilette. So manch einer stand mit gewundenen Beinen davor, den glücklich Sitzenden beschwörend, von seiner Not Notiz zu nehmen. Eine der Toiletten hatte keinen Haken zum Verschließen mehr, sie war uns drei langen Kerlen vorbehalten.

Denn nur wer im Sitzen noch mit einem Fuß die Tür zuhalten konnte, hatte ein Privileg darauf. Traute sich ein Schrumpfgermane darauf, mußte er damit rechnen, des öfteren die Toilettentür vor die Kniescheibe geknallt zu bekommen.

„Exkursion", hieß das Zauberwort. Unsere Morgentoilette fiel daher gründlicher als gewöhnlich aus. Die letzte scharfe Rasierklinge wanderte von einem Bart zum nächsten. Immer mit dem Hinweis: „Es ist meine letzte." Stiefel und Schuhe glänzten, viel Spucke war dabei vonnöten. Die Hose hatte die Nacht auf dem Lattenrost unter dem Strohsack verbracht und zeigte eine tadellose Bügelfalte. Oft, bei Laien auf diesem Gebiet, auch mehrere Falten und glich mehr einem Plisseerock als einer Hose.

Traktor und Anhänger standen im Hof. Aufsitzen. Los ging die Fahrt. Der Fahrtwind hielt die Müdigkeit in Schranken. Erstes Ziel war die Molkerei in Worbis. Keinen kühlen Milchtrunk erhielten wir, dafür aber sehr viel Informationen über Anlieferung und Verarbeitung der Milch. Dann fuhren wir zu einem Lehrhof in der Nähe von Worbis. Hier wies der uns führende Verwalter immer wieder auf die Ordnung und die Sauberkeit hin. Zu unserem Mißfallen äußerte unser Lehrer Finger auch sein Erstaunen und Wohlgefallen über die vorhandene Sauberkeit. Daß unser Mittelhof gleichfalls vor Sauberkeit strahlte, vergaß er scheinbar ganz. Zugegeben, Finger half uns oft genug auf die Sprünge.

Ein heftiger Gewitterschauer hielt uns fast eine Stunde in der Scheune fest. Danach war die Luft frisch, die Sonne zeigte sich wieder, und wir konnten losmarschieren. Beinrode. Dort, wo viele Schmalrehe untergebracht wären, laut Strohmeyer. Gemeint war die Landfrauenschule Beinrode. Wie bei uns, mit großem angeschlossenen Gutshof. Die Maiden waren im Herrenhaus untergebracht, schliefen auf Strohsäcken und würden unter strengster Aufsicht geführt, laut Strohmeyer. So waren wir eine willkommene Abwechslung, die aber nur wenigen Maiden gegönnt war. Mit glänzenden Augen und roten Ohren empfingen uns die Maiden im Speisesaal, in den wir zum Mittagessen gebeten wurden. Ja, gebeten, denn hier herrschten Sitte und Ordnung. Wir nahmen Platz. Unsere kleinen Bedürfnisse hatten wir auf dem Weg an einem Feldrand erledigt. „Dann braucht ihr nicht gleich alle zur Toilette rennen", sagte Finger und hatte sich selbst etwas abseits von uns an den Feldrand gestellt. Zwei mußten ins Feld, die Kirschen hatten sie während der ganzen Fahrt schon gequält.

Die Leiterin der Landfrauenschule begrüßte uns. Selbstverständlich waren wir von unseren Stühlen aufgestanden und standen jetzt jeder hinter seinem Stuhl. Sie war sehr hager, mit streng nach hinten gekämmtem Haar, welches in einem dünnen Knoten endete. Finger dankte für die Einladung. „Bitte setzen Sie sich", sagte die Hagere. Ein Schwarm von Maiden mit duftenden Schüsseln kam herein und füllte uns die Teller. „Bitte schön." „Danke schön." Bohnensuppe gab es, schmackhaft gewürzt. Und wer Glück hatte, fand auch ein Stückchen Fleisch. Immer wieder kamen die Mädchen, alle trugen weiße Schürzen, zu uns an den Tisch, fragten, ob es schmeckt und ob sie noch ein wenig auffüllen dürften. Die Suppe war heiß und trieb uns die Röte ins Gesicht, aber auch die Blicke, die sich rein zufällig mit einer Maid kreuzten, halfen uns, rote Löffel zu bekommen. Alle waren satt geworden. Schnell räumten die Mädchen das Geschirr ab, und zu unserem Erstaunen kamen sie mit Pudding gefüllten Tellern zurück. „Alles selbst von unseren Maiden gekocht", erwähnte die Hagere noch zwischendurch. Sie hatte nicht mitgegessen, sondern die Mädchen bei ihrer Arbeit beobachtet und durch kaum bemerkbare Zeichen dirigiert.

Nach dem Essen kam der Rundgang durch Hof und Gartengelände. Gern hätten wir noch die Schlafräume der Mädchen begutachtet, aber das stand nicht auf dem Plan. Im Aufenthaltsraum waren inzwischen die Tische an den Rand gerückt worden, rundherum standen Stühle. Ein Schallplattengerät sorgte für flotte Tanzmusik. Zunächst taten wir uns schwer, ein Mädchen aufzufordern. Genau abgezählt waren die Mädchen, so lag es an uns, Kavalier zu sein, so daß kein Mädchen sitzenblieb. Wir zeigten uns von der besten Seite, tanzten jeden Tanz und wechselten stets unsere Tänzerinnen. So verging die Zeit im Rausch der Melodien. Leider kamen keine Gespräche mit den Mädchen zustande, sie saßen auf der anderen Seite des Raumes, bis eine neue Platte aufgelegt war und wir sie erneut zum Tanzen aufforderten. Hinzu kam, daß die Hagere ständig im Zimmer blieb, von wenigen Augenblicken abgesehen, in denen sie die anderen Maiden in Zucht und Ordnung halten mußte.

Abendessen war angesagt. Wieder saßen wir wie brave Lämmer an den Tischen, bemühten uns, alles nach der Etikette zu machen. Finger sollte einmal seine Freude an uns Rüpel haben. Es waren unsere Tänzerinnen, die uns bedienten. Leckeren Kartoffelsalat gab es, dazu ein Würstchen. Wie lange hatte ich kein Brühwürstchen mehr gegessen? Wie bei Fräulein Kunigk gab es Früchtetee dazu, er war leicht gekühlt und löschte so besser den Durst. Natürlich passiert immer etwas, wenn man auch noch so aufpaßt. Ralf verschluckte sich und prustetete gar mächtig. Helmut flüsterte mir zu: „Wir lachen auf der Heimfahrt über Ralfs Mißgeschick." Dabei verfehlte er mit dem vollen Löffel seinen Äser und sprenkelte die Tischdecke voll. „Auch darüber lachen wir später", sagte ich spöttisch. Er versuchte, mich vors Schienbein zu treten, trat aber immer ins Leere, so gab er es auf.

Danach gab es eine kleine Pause. Wir benutzten sie zu einem Gang über den Hof. Dabei bemerkten wir, wie hinter den geschlossenen Fenstern immer wieder Maiden blickten, sofort aber verschwanden, wenn wir nach oben sahen. Die Pause war auch für die Mädchen gedacht, die uns bedienten, damit auch sie ihr Abendbrot essen konnten. Man rief uns wieder ins Haus. Bei flotten Melodien tanzten wir weiter. Der Plattenbestand war nicht groß, so kam schon bald wieder dieselbe Platte an die Reihe. Einige Platten hatten einen Sprung und mußten dann von Hand schnell über die Fehlstelle gebracht werden. Dies war immer eine lustige Abwechslung. Es war schön, aber so richtige Stimmung wollte nicht aufkommen. Die Hagere ließ ihre Schmaltiere nicht aus den Augen, und mir schien, als wenn sie in Abständen blitzschnell zahlenmäßig überprüfte, ob nicht ein Schmaltier fehlte.

Punkt zwölf Uhr klatschte die Hagere in die Hände: „Meine Damen und Herren!" „Ooohh", murmelten alle. „ Nein, nein", sagte sie, „nein, keine Kompromisse! Die schönste Tugend ist Maßhalten in allen Dingen." Widerspruch schien nicht angebracht. Lehrer Finger sammelte uns ein. Viele Hände schüttelten wir, dann und wann blieb eine Hand einen Herzschlag länger in der Hand des anderen. Auf dem Hof tuckerte unser Traktor, wir stiegen auf. Schon bald lag der Hof nur noch als Silhouette im Mondlicht am Horizont. Kurz vor Worbis wurden wir von einer Polizeistreife angehalten. Kein Licht am Traktor! Warum auch? Der Traktor fuhr ja sonst nur am Tage auf dem Acker. Und der Mond schien so hell, daß der Fahrer die Straße gut erkennen konnte. Kein Pardon wurde uns gegeben. Absteigen! Unsere Füße waren müde, es half nichts, gut zwölf Kilometer lagen vor uns. Unser verschobenes Lachen war uns vergangen, wir verschoben es nochmals. Kurz vor vier Uhr morgens erreichten wir den Mittelhof. Schweigend gingen wir in unsere Zimmer und lagen bald im tiefen Schlaf.

Hahnenkampf im Roggenfeld

Nur wenige Wolken zeigten sich am Himmel, und um die Mittagszeit flimmerte die Luft. Erntewetter. Wir vier konnten es aber gut aushalten, standen im Schatten. Ich hackte Holz, Ralf und Ernst schleppten das Holz in einem Korb in den Holzschuppen und Ingo stapelte es. Das ganze nannte sich „Hofdienst." Sonst keine beliebte Tätigkeit. Denn es hieß, den Hof sauber zu fegen, in der Remise für Ordnung zu sorgen, Holz zu sägen, zu hacken und ins Haus zu schleppen. Oft mußten Botengänge erledigt werden, auch das gehörte zu den unangenehmen Arbeiten. Denn wer fährt schon gerne mit dem Handwagen, auch Bollerwagen genannt, durchs Dorf zum Wallhof, um dann den alten, vollgepackten Bollerwagen wieder zum Mittelhof zu zerren? „Wichtig ist", sagte ich, „daß wir nicht entdeckt werden und unseren schönen schattigen Arbeitsplatz verlieren, ihr müßt also ganz schnell mit eurem Korb über den Hof." Ernst ganz entrüstet: „Auch noch rennen bei der Hitze!"

Als die beiden wieder einmal zurückkamen, krümmten sie sich noch vor Lachen. „Was habt ihr zu gackern?" fragte ich neugierig? Beide prusteten weiter, Ernst sagte dann: „Hans, hast du das eigentlich mitbekommen, wie wir Elmar in seine Decke gerollt haben?" „Nein", antwortete ich, „erzähl, die Luft ist rein." „Hör zu", begann Ernst, „gestern Abend haben wir doch bei uns im Zimmer noch so lange Witze erzählt und dabei so laut gelacht. Und in der anderen Bude wollten sie schlafen. Aber es war ja noch hell. Vor Ärger haben sie immer durch den Luftschacht im Kachelofen gerufen: 'Ruhe im Kabuff'. Später: 'Ruhe in eurer Miefbude'. „Das war zuviel", ereiferte sich Ernst noch jetzt. „Wir sprangen aus unseren Betten und schlichen ins Nachbarzimmer, dann packten wir uns Elmar, denn der hatte am meisten geschimpft. Eingerollt in seine Decke haben wir ihn

Landmaschinenkunde

aufs Glashausdach gelegt." „Wenn das Glasdach eingebrochen wäre, was hättet ihr dann gemacht?" fragte ich. „Ging ja nicht", antwortete Ernst, „wir haben ihn quer aufs Dach gelegt." „Und dann," erzählte Ernst weiter, „ließ sich Elmar ganz langsam runterrollen, bautz, lag er unten." Er ergänzte: „Und wir lagen alle im Fenster und haben uns gekrümmt vor Lachen."

Bevor ich über den Streich lachen konnte, kam Lehrer Finger über den Hof. Nichts Gutes ahnend, waren wir wieder flink bei der Arbeit „Ab mit euch ins Himmelreich", schmunzelte Finger, dabei grinste er selbst über seinen gelungenen Satz. „Roggen aufstellen," ergänzte er nach einer Weile. Ich hieb die Axt in den Holzklotz, der Korb wurde noch schnell vollgepackt und in die Ecke gestellt. Da wir keine Arbeitsgeräte brauchten, verließen wir den Hof mit schnellen kurzen Schritten. Danach übernahmen wir gekonnt den Schritt eines alten Ackergaules.

In der Ferne sahen wir den Mähbinder beim Roggenmähen. Wo die dicke Staubwolke über dem Feld lag, war der Schlag am Hufeisen, und dort wurden Erbsen gemäht. Im „Himmelreich" war niemand zu sehen, wir waren allein auf weiter Flur. „Laßt uns gleich anfangen", sagte ich, „dann sind wir am Abend fertig." Die Garben waren fest gebunden und ließen sich gut aufstellen. Immer zu zweit stellten wir die Garben auf. Vier auf jeder Seite, dann eine davor und eine dahinter.

Schon lange hatten wir unsere Hemden ausgezogen. Die Schweißtropfen auf unserer Haut brutzelten in der heißen Sonne. Ralf fing an, einen Gassenhauer zu pfeifen, wir taten es ihm nach. Jeder seine eigene Melodie, verfielen aber des öfteren in die Melodie des anderen. Mit Musik geht alles besser, trallera. Unser Eifer wurde belohnt. Alle Garben waren aufgestellt, die Hocken standen schön, wie mit der Schnur gezogen, auf dem Feld. „Arbeite gern und sei nicht faul, gebratene Tauben fliegen keinem ins Maul," zitierte ich einen Spruch meines Großvaters.

Unsere Kräfte schienen noch nicht verbraucht, weil Ralf auf die törichte Idee kam, einen Hahnenkampf zu machen. „Wir sind vier", meinte er, „wer verliert, scheidet aus, und der Gewinner bekommt diese schöne Feder als Trophäe." Er hatte eine kleine Feder auf dem Feld gefunden und zeigte sie uns. Auch wir spürten noch einen gewissen Übermut in unseren Adern schlummern. „Los", sagte ich, „auf was warten wir noch!" Ingo und ich, wir waren fast gleich groß, stellten uns in Position. Ernst und Ralf übten noch, stellten sich dann aber auch wie zwei Kampfhähne gegenüber. „Die Bedingungen sind klar", kommandierte ich, „wer mit dem Fuß tickt, scheidet aus." „Es wird fair gekämpft." Ein langer und ein kurzer Strohhalm hatten entschieden, die Kleinen fingen an. Ralf war gut, wich geschickt aus, wenn Ernst ihn stoßen wollte. „Nicht in die Seite", riefen Ingo und ich fast zugleich. Es war gar nicht so einfach, auf einem Bein auf den Stoppeln zu hüpfen. Kraftprotz Ralf kam ins Wanken, Ernst hatte ihm einen Stoß gegeben. Ralf wich rückwärts aus, Ernst versetzte ihm noch einen Stoß. Da kam Ralf aus dem Gleichgewicht und setzte seinen Fuß auf. „Aus", schrien wir, „aus, verloren!" Ralf gab sich geschlagen. Jetzt kamen wir zwei langen Kerle an die Reihe. Arme verschränken und auf einem Bein hüpfend auf den anderen los. Ganz rote Köpfe bekamen wir, und die Lungen keuchten. Aufgestachelt von den beiden anderen hüpften und schubsten wir. Schweiß rann die Stirne runter. „Hans, Hans", dann wieder „Ingo, Ingo" riefen die beiden im Wechsel. Ingo stolperte, trat mit beiden Beinen auf. Vorbei! Ich bat um eine kleine Verschnaufpause, sie wurde mir großzügigerweise gewährt. Ernst war ein ungleicher Kämpfer für mich. Dennoch, er war sehr geschickt, wich aus und ließ mich über große Distanz hüpfen. Aber auch er stolperte in den Stoppeln und gab auf. Die Feder steckte mir Ralf an meine Mütze. „Jetzt bist du unser Siegergockel", grinste Ingo.

Erschöpft vom Herumhüpfen setzten wir uns auf eine Garbe. „Ob Strohmeyer hier auch wieder nicht das Roggenfeld nachharken läßt, damit die Ährenleser noch reichlich finden?" fragte ich in die Runde. „Bestimmt", meinten alle. Wir fanden es großartig, wie Strohmeyer immer wieder dafür sorgte, daß die Kartoffelstoppler oder die Ährenleser noch genügend fanden. „Es gibt auch Bauern", sagte ich, „die vertreiben die Leute vom Feld." „Ganz gemein ist das", meldete sich Ralf zu Wort. „Ich bin hundemüde", stöhnte Ingo. „Eigentlich heißt es doch", sagte er, „ wenn der Roggen in die Blüte geht, werden die Leute schläfrig!" Ernst ergänzte: „Der Duft von Roggengarben macht mich auch schläfrig." Ich blickte auf meine Taschenuhr und sagte: „Wir können noch ein kleines Schläfchen machen." Gesagt, getan. Zu zweit suchten wir uns eine Hocke aus, legten zwei Garben auf die Stoppeln und krochen mit den Köpfen zuerst in die Hocke. Bevor wir ganz darin verschwunden waren, winkten wir den beiden anderen in ihrer Hocke noch zu. „Ich habe die Augen schon zu", sagte Ingo. „Angenehm schattig", erwiderte ich, „ich nehme mir eine Mütze voll Schlaf. War auch sehr spät gestern abend, als wir von Hundeshagen zurückliefen" murmelte ich. Von Ingo kam nichts mehr, mir schien, er war schon hinübergedämmert. Irgendwann, mein Arm war eingeschlafen, versuchte ich zu ergründen, wo ich war. Totale Stille um mich. Ingo neben mir schlief, so döste auch ich weiter.

Hundegebell holte mich aus meinem Traum. „Wer, zum Deuker, liegt da in der Getreidehocke?" Die Stimme war mir bekannt. Wie von einer Tarantel gestochen, waren wir aus unseren Schlafgemächern rausgeschossen. Standen wie begossene Pudel vor Strohmeyer. Sein brauner Rauhaarteckel, der die Sache besonders lustig fand, machte Freudensprünge über die Stoppeln, die ihn am Bauch kitzelten, was ihn zu noch wilderen Sprüngen veranlaßte. „Brav", sagte Strohmeyer zu seinem Hund und liebelte ihn. „Hol euch der Teufel, den hellen Tag verschlafen!" sagte Strohmeyer laut. „Wir waren fertig und haben uns ein wenig ausgeruht", sagten wir zu unserer Entschuldigung. „Ich glaube", sagte Strohmeyer, „ich muß die Kandare wieder etwas strammer ziehen, sonst schlagt ihr zu oft über die Stränge! Jetzt hängt euer Behang lang herunter, aber lieber zehn Sünden am Tag als ein Waschlappen sein. Macht, daß ihr auf den Hof kommt, sonst verpaßt ihr noch das Abendbrot." Rief seinen Hund, nahm seinen Spazierstock, „Klutenspicker," sagte Strohmeyer dazu und ging in Richtung Wald davon.

Wir sprangen, liefen und hüpften zum Hof. „Strohmeyer ist ein feiner Kerl", war unsere Meinung. Die Glocke schlug zum Abendbrot. Wieder gab's Graupensuppe und als Brotaufstrich durchgedrehte Pferdebohnen mit Kräutergeschmack. „Vielleicht hängen noch ein paar Kirschen am Baum", flüsterte ich Helmut zu. „Bestimmt", sagte er, „und die holen wir uns heute abend." Zu meinen Mitschläfern sagte ich: „Das kommt in die Bierzeitung zu unserem Abschlußfest. Uns so aus dem tiefsten Schlaf zu holen, wir könnten ja folgenschwere Schäden an Körper und Seele davon behalten!"

Im schönsten Wiesengrunde

Da zogen wir nun los. Nicht zu Sieben, wie die wackeren Schwaben. Aber wir Fünf sahen nicht weniger fürchterlich aus wie einst die Schwaben. Vom Wallgut hatten wir uns Mistgabeln geholt. Bevor jeder von uns die vermeintlich richtige ausgewählt hatte, wurde ausgiebig geprüft: die Lage in der Hand, der korrekte Zinkenabstand und die Schlagkraft unter besonders schweren Bedingungen. Diese Prüfung überstanden zwei der uns angebotenen Mistgabeln nicht. Wie das Werkzeug, so die Arbeit. Unser Auftrag war zu wichtig. „Halbheiten laß ich nicht durchgehen." Zitierte ich meinen Vater, nein, alle Väter. Ob dies auch für heute gilt? Ich möchte es bezweifeln. Ich vermute, daß mein Vater in Anbetracht unseres Auftrages wohl eher gesagt hätte, mit erhobenem Zeigefinger versteht sich: „Macht mir keine Fisimatenten."

Da keine Obrigkeit bei unserem Ausrücken vorhanden, bekamen wir auch keine kernigen Sprüche mit auf den Weg. Außerdem hatten wir einen klaren deutlichen Auftrag, korrekte Ausführung war Voraussetzung. Es war heiß, wir zogen, von Zeit zu Zeit die Marschordnung ändernd, zur Finkenbreite. Die Finkenbreite lag noch hinter dem Sauloch, ganz nah am Wald. Eine schöne, große Wiese, nein Weide, denn es weideten dort die Kühe, wenn sie dort waren. Jetzt waren sie nicht da. Unseren Proviant hatten wir in einem Beutel verstaut, der im Wechsel beim Träger an der Mistgabel baumelte. Sorgfältiger gingen wir mit der 5 Liter Milchkanne, voll mit klarem Brunnenwasser, um. Mit einem Stück altem Fahrradschlauch hatten wir den Deckel festgezurrt. Kein Tropfen, wir überzeugten uns von Zeit zu Zeit, durfte ausschwappen. Es war eine emaillierte, kleine Milchkanne, die, gemessen an den vielen rostigen Stellen, schon manche Jahreszeit überstanden hatte. Der Weg zog sich mächtig in die Länge. Waren wir sonst auf unseren Märschen schnell mit ein paar flotten Liedern auf den Lippen, um das Einerlei des Marschierens zu verkürzen, so wollte es heute gar nicht klappen. Staub wirbelte auf. „Heb die Füße hoch und guck wo du herläufst", hänselte ich.

Heute fand ich keine Resonanz, aber auch keinen Widerspruch. Wir troddelten weiter. Gleich hinterm Sautal sahen wir den Weidezaun und das Ausmaß der Weide. „Die ist ja viel größer, als ich gedacht hatte", rief einer der wackeren Gestalten. Noch voll in der Sonne lag die Weide vor uns. Erst spät am Abend würde sich der Schatten des angrenzenden Waldes wie ein Mantel über die Weide legen. „Gleich einem müden Wanderer, der sich am Abend in der Blumenwiese zur Ruhe legt, seinen Mantel gegen die nächtliche Kühle über seine Schulter hängt. Trunken vom Anblick der untergehenden Sonne, betäubt vom Duft der würzigen Blumen, in einen erquickenden Schlaf sinkt." Frei nach Strohmeyer. Aber bisher hatte von uns noch keiner ein Buch von ihm gelesen. Seine vielen Geschichten gaben uns des öfteren einen milden Vorgeschmack. An einer günstigen Stelle kletterten wir über den Weidezaun. Ralf spielte die beleidigte Leberwurst, wir hatten ihn als „Schrumpfgermane" bezeichnet. „Klein aber oho" konterte er selbstbewußt. Ralf schwang seine Mistgabel und haute auf den ersten Kuhfladen ein. Nach rechts und nach links flogen die zu Mikroteilchen verminderten Fladenstücke. „Bist du wahnsinnig?" Wahnsinn ist ansteckend.

Um seinem Treiben Einhalt zu gebieten, fingen auch wir restlichen Mannen an, uns Kuhfladen auszusuchen, und eine wüste Schlacht nahm ihren Anfang. Freund oder Feind waren im Gefecht nicht mehr auszumachen. Und wie immer, wenn alle ihren

Teil abbekommen hatten, gab es Ruhe. Alle hatten wir Sommersprossen im Gesicht. Karl wies auf sein Hemd: „Das muß ich ja wohl heute Abend waschen!“ Zog es aus und hing es auf einen Weidepfahl. Wir taten es ihm nach. Die Sonne trocknete schnell unsere nassen Buckel. Das Gefecht war lauthals gewesen, so taten wir gut, uns jetzt ruhig zu verhalten, um die Nachsuche zu erschweren. So beschlossen wir, eine gewisse Ordnung einzuhalten, nahmen am anderen Ende der Weide im Wald einen Markierungspunkt vor. Der Flügelmann bekam nochmal Instruktion: „Siehst du dort das Gebüsch?" „Ja“ „Nun einen Daumensprung nach rechts, die Fichte“ „Ja.“ „Da peile drauf zu.“ „Seit wann hast du Sommersprossen im Gesicht?“ Die Fetzen flogen, aber der Abstand reichlich bemessen, erlaubte keine Gefahrenmomente mehr.

Von Kuhfladen zu Kuhfladen arbeiteten wir uns dem gesteckten Ziel zu. Unser Einsatzgebiet hob sich deutlich ab von den anderen kahl gefressenen Stellen. Saftige Gräser umgaben die vor sich hin träumenden und in der Sonne in vielen Farben glitzernden Kuhfladen. Übel nahmen uns die auf dem Kuhfladen emsig saugenden Fliegen unseren Fleiß. Wie ein Peitschenhieb sauste die Mistgabel beim ersten Hieb genau die Oberkante treffend hernieder. Aufgescheucht suchten die Fliegen sofort wieder Besitz von ihrer Amme zu ergreifen. Schon kam der zweite Hieb von der entgegengesetzten Seite. „Keinen Fladen will ich mehr als Fladen erkennen“, hatten wir von der obersten Stelle mit auf den Weg bekommen.

Wir taten ganze Arbeit. Nach anfänglichen Schwierigkeiten, wobei wir ins eigene Feuer gerieten, hatten wir es heraus, den richtigen Winkel beim Aufsetzen der Mistgabel zu finden. Unser Flügelmann hatte die Richtung eingehalten. Kehrtmarsch, Ziel erkannt. Von dem mißtrauischen Erwin nachgemessen. „Ich komme immer woanders hin, beim Daumensprung“, sagte er. Wir lästerten: „Das liegt an deinem kleinen Daumen.“ Dann kam die Vesper, jeder bekam eine Schnitte Brot mit Kochkäse. Der Kochkäse stammte, wie alle Geheimrezepte, aus der Alchimistenküche von Kunigunde. Dazu, welch ein Luxus, einen Deckel voll klaren Wassers. Wir gingen sparsam damit um, damit wir uns nach der Arbeit nochmals daran laben konnten. Die Kanne bekam wieder einen schattigen Platz hinter einem Weidepfahl und wurde zusätzlich mit Gras abgedeckt. Irgendwie hatten wir unsere Durchgänge zu schmal oder zu breit bemessen. Als wir die letzte Breite aufteilten, blieb kein Streifen mehr übrig für einen Arbeitsgang zu unserem Ausgangspunkt.

Die Sonne knallte weiter auf unsere Rücken, aber anhaben konnte sie uns nichts mehr. Unsere Sonnenbrände lagen weit zurück. Doch wenn eine gewisse Schwüle die Sonne begleitet, erhitzt sie die Gemüter. Geschafft. Kein Kuhfladen war als solcher noch zu erkennen. Vor Übermut fingen zwei von uns an, sich zu schubsen. „Er hat angefangen!“ „Gar nicht wahr! Er war es.“ Das war auch gar nicht wichtig bei unseren täglichen Rangeleien. Unser jugendlicher Übermut suchte ein Ventil, einen Grund fanden wir immer. Immer aber geschah es aus Spaß. Nie wurde Ernst daraus, dafür paßten wir gegenseitig auf. Auch nicht einen einzigen blauen Flecken oder gar eine Schramme hatte es bisher gegeben. Strohmeyer hatte uns einmal erwischt, wie wir uns jeder gegen jeden am Boden wälzten und wüste Urgeschreie ertönen ließen. „Wie die jungen Welpen“, sagte er, „balgen, aber nicht wehtun.“ Dabei schmunzelte er unverkennbar. In welchem Buch schrieb er darüber? „Ich will Genugtuung, bestimme die Waffen!“ Es wurde beratschlagt. „Reiterkampf“, riefen alle. Helmut und ich, die Größten, nahmen einen auf die Schulter, der kleine Karl wurde zum Kampfrichter gekürt. Aufgesessen, Distanz, wer zuerst seinen Reiter verliert, hat verloren. Fertig, los.

Über mir wurde schwer gerungen, ich hatte Mühe auf den Beinen zu bleiben. Wohlbedacht hatten wir uns eine vermeintlich saubere Stelle in der Weide ausgesucht. Doch Helmut rutschte aus, sein Reiter verlor das Gleichgewicht. Helmuts Beine nahmen eine noch nie gesehene Beinstellung ein. Pferd und Reiter legten sich langsam rückwärts fallend ins Gras. „Mich hat's erwischt", schrie Ralf, der Reiter. Alle eilten wir zu Hilfe. „Was ist, was ist?" fragten wir im Chor, Schlimmes befürchtend. Ralf erhob sich langsam. „Nichts gebrochen?" fragten wir. Statt einer Antwort drehte sich Ralf um.

Erst jetzt sahen wir das ganze Ausmaß des Schadens: Ein voller Abdruck eines Kuhfladens zierte seinen Rücken. Wer den Schaden hat, na ja. Befreites Gelächter. Ralf stand gebückt da, um zu vermeiden, daß sich das Übel weiter ausbreitete. So empfahlen wir ihm, gebückt zum anderen Ende der Weide zu laufen. Gut, daß wir noch die halbe Kanne voll Wasser hatten. Ein Taschentuch wurde geopfert. Den Rest besorgte die Sonne. „Nun brauchst du nur zu hüpfen, und der Dreck fällt von alleine ab."

Unsere Gemüter konnten wir nicht mehr mit Wasser kühlen. Ein leichter Abendwind kam vom Sautal herauf, er genügte vollauf. Auf dem Rückweg dachte ich darüber nach, wie wir dies für unsere Bierzeitung festhalten könnten. Da fiel mir ein Lied ein, das paßte. Nach dem Abendbrot gaben wir unser Erlebnis zum besten. Natürlich schmückten wir es noch aus, wobei wir uns gegenseitig überboten. Elmar hatte ich eingeweiht. Wir zogen uns zurück, Melodie und Text standen. Alle waren müde und wollten ins Bett kriechen, als Elmar auf dem Klavier spielte. Erst solo. Mein Gesang hätte alles zunichte gemacht, so suchte ich kräftige Mitsänger. Ich hielt mich bedeckt, flüsterte nur den Text zu. Keiner traute seinen Ohren. Die Fenster waren alle weit geöffnet.

Unsere Melodie drang weit in die Sommernacht. Alle kamen wieder aus ihren Zimmern. Elmar legte mehr Gefühl in sein Spiel, je mehr Zuhörer sich sammelten. Von der Melodie angelockt, kam Lehrer Finger, gefolgt von Kunigunde, ins Zimmer. Welch Sinneswandel ist in die wüste Horde eingekehrt, mag er gedacht haben. Ganz andächtig hörten sie zu. Diesmal sangen wir nicht dazu, und das hatte seinen verständlichen Grund. Finger wie Kunigunde bewegten ihre Lippen und flüsterten den Original-Text. Noch im Dorf mußte man das Klavierspiel gehört haben, so still hatte sich der Tag verabschiedet und der Nacht ihren Platz eingeräumt.

Im schönsten Wiesengrunde,
lag ein Kuhfladen, oh du Graus,
da lag er manche Stunde und ruhte sich aus.
Dich, mein stiller Fladen,
grüß ich noch einmal,
da lag er manche Stunde und ruhte sich aus.
Muß aus der Wiese jetzt scheiden,
wo alles voller Duft und Sang.
Das ist sein elend' Leiden, sein letzter Gang.
Dich, mein stiller Fladen,
grüß ich noch einmal,
das ist sein elend' Leiden, sein letzter Gang.
Sterb ich, in Tales Grunde,
will zerfleddert sein, singt mir zur letzten Stunde
beim Abendschein.
Dich, mein schöner Fladen, grüß ich noch einmal.
Singt mir zur letzten Stunde beim Abendschein.

Kartoffeln selektiert, dann gab's Hasenpfeffer

Sein Gesicht war puterrot und auf der Stirn lagen ein paar Schweißtropfen, und die drohten jeden Moment an den Backen herunterzulaufen, um in den Bartstoppeln zu verschwinden. Strohmeyer kam ganz abgehetzt nach der Pause in den Schulraum. Wir vermuteten zunächst, er würde uns einen Aufsatz aufdrücken, für kurze Zeit wieder verschwinden und am Ende der Stunde die Zettel einsammeln. Nichts dergleichen kam. Strohmeyer sagte: „Ihr müßt sofort in den Kartoffelschlag, rechts vom Kreuz, und die Kartoffeln auf Krankheiten selektieren. Die Kartoffelkrankheiten, so hat mir Herr Finger versichert, sind euch ausreichend bekannt. Also ran. Es eilt, in den nächsten Tagen kommt die Anerkennungskommission. Für uns ist es wichtig, daß die Kartoffel 'Lembkes Kapella' anerkannt wird." Strohmeyer war richtig aufgeregt, und so wiederholte er: „Es ist wichtig, daß wir den Kartoffelschlag anerkannt bekommen."

Auf seiner Stirn zeichnete sich noch ganz deutlich ab, wo sein Hut gesessen hatte. Wir hatten Mitte August und die Sonne schien unerbittlich. Trockene Luft und Temperaturen über 30 °C ließ die Ernte beschleunigen. Im Sautal wurde Weizen eingefahren und links vom Kreuz war die Haferernte auch schon fast beendet. „Sind noch Fragen?" rief Strohmeyer in den Raum. „Ich erwarte saubere Arbeit von euch." Wir gingen auf unsere Zimmer, zogen die Arbeitshosen an, dazu die derben hohen Schuhe. Draußen holten wir uns aus dem Geräteschuppen die Handhacken. Jetzt war es nicht wichtig, die Hacken noch zu schleifen und den Stiel auf Festigkeit zu prüfen. So gar nicht erfreut waren wir, als Lehrer Finger auftauchte und sagte: „Ich gehe heute vormittag mit."

Es war schon jetzt am Vormittag so heiß, daß wir die Hemden auszogen und lässig über die Schulter hingen. Alle hatten wir aber unsere Schirmmützen auf. Einige schoben sie ganz in den Nacken, ich hatte die Mütze ganz nach vorne geschoben, damit die Sonne mich nicht so blendete. Der Kartoffelschlag, rechts vom Kreuz, lag nur zehn Minuten entfernt vom Mittelhof. Lehrer Finger teilte uns ein. So lief jeder in einer Furche und mußte die rechte und die linke Kartoffelreihe auf Krankheiten durchsehen. Die Hacke, die wir mitschleppten, hatte eigentlich nur den Zweck, sehr hohes Unkraut, meistens die Melde, rauszuhacken. Schon nach wenigen Minuten hatte ich die erste kranke Kartoffelstaude mit dem Blattrollvirus gefunden. Die Blätter waren deutlich nach oben gerollt. Also raus. Ich zog die Staude raus und warf sie in die Furche. Immer wieder bückte sich einer und riß eine kranke Kartoffelstaude aus dem sauber angehäufelten Damm. Finger ging hinter der Kolonne und beobachtete genau unser Tun. Er schien zufrieden.

Unsere Hemden lagen nach dem ersten Durchgang am Feldrand. Nur wenn ein winziges Lüftchen über das Feld strich, war die Hitze erträglich. In Abständen blieben wir stehen, um die Mütze nach vorn, oder von vorn wieder nach hinten zu schieben. Mit dem inzwischen feuchten Taschentuch wischte ich mir den Schweiß entweder von der Stirn oder vom Nacken. Nach einigen Gängen rief Lehrer Finger zum Aufbruch, „damit wir", sagte er, „pünktlich zum Mittagessen auf dem Hof sind." „Hausfrauen", sagte er, „darf man nie warten lassen." Die heiße Suppe trieb uns wieder den Schweiß auf die Stirn. „Beim Essen schwitzen und bei der Arbeit frieren, das sind die besten Leut." Wir beschlossen, eine große Kanne voll Wasser mitzunehmen, um unsere Taschentücher darin naß zu machen. Ein nasses Tuch im Nacken hilft eine Weile. Die Sonne stand fast senkrecht über uns, als wir wieder loszogen. Lehrer Finger blieb zu Hause, uns war es nur

recht. Paul hatte sich ein großes Schnupftuch auf seinen Lockenkopf geknotet, das sah recht lustig aus. Die meisten hatten wieder ihre Schirmmütze auf. Eigentlich waren es Wintermützen, aber wir hatten keine anderen. Außerdem heißt es doch: „Was gegen die Kälte gut ist, ist auch gegen die Hitze gut." Wir nahmen wieder die Reihen auf und ließen unsere Blicke nicht von den Kartoffelstauden. Fand einer einen Kartoffelkäfer, schrie er laut: „Ich habe einen!" Alle blickten auf und klatschten Beifall. Der erfolgreiche Jäger zerquetschte den Käfer sogleich in der Furche unter seinen Schuhen. Ganz selten war noch ein Kartoffelkäfer zu finden. Deshalb hatten wir auch keine Schachtel mitgenommen, um sie den Hühnern vorzuwerfen. Schade, die Hühner hätten bestimmt ein ganz dummes Gesicht gemacht, denn sie kannten gar keine Kartoffelkäfer mehr. Im Krieg stopften sich die Hühner ihren Kropf damit voll, bis sich ihnen zuletzt beim Anblick schon die Federn sträubten. In der Hitze kam gar keine richtige Stimmung auf. Die Arbeit war leicht, so hätten wir singen oder pfeifen können. Bei monotoner Arbeit war uns immer etwas eingefallen, was für Kurzweil sorgte. Am Feldrand wieder angekommen, tauchten wir unsere Tücher ins Wasser. Es war nur noch eine warme Brühe, aber es kühlte doch für kurze Zeit unsere Gemüter.

Nirgends waren Arbeiter auf den umliegenden Feldern zu sehen, sie waren alle im Sautal, und das lag nicht in Sichtweite. Auch kein Rehwild war am Waldrand zu sehen. Selbst die Lerche, die immer wieder in den wolkenlosen blauen Himmel stieg, konnte uns heute mit ihrem Gesang nicht aufmuntern. „Eigentlich brauchten wir doch gar keine Hacke mitzunehmen", meinte Ernst. „Hast recht", antwortete ich. „Aber zum Aufstützen taugt sie doch." Wir legten eine Pause ein. Stützten uns, wie die Schäfer auf ihren Hütestab und blinzelten ins Kraut. Unsere Kolonne war nicht mehr auf gleicher Höhe. Zu unterschiedlich verteilt waren kranke Kartoffeln in den Reihen, die entfernt werden mußten. Elmar war es, unverkennbar seine hohe Stimme: „Ein Hase, ein Hase!" schrie er, seine Stimme überschlug sich. Alle sahen auf. Die es begriffen hatten, was los war, riefen: „Hau drauf, hau drauf!" „Wo?" riefen die anderen. Aufgestachelt durch die wilden Rufe „hau drauf", schlug Elmar mit seiner Hacke, rechts wie links, in die Kartoffelbüsche. Der Hase sprang über die Kartoffelwälle, hatte aber Schwierigkeiten dabei und verlor die Orientierung. Schnell sprangen die, die Elmar am nächsten waren, zu Hilfe. Ein wüstes Treiben spielte sich in den Kartoffelreihen ab. „Ich hab ihn", rief einer der Jäger, und hielt einen mächtigen Hasen hoch. Wir klatschten uns auf die Schenkel und führten einen Feixtanz in den Reihen auf. Erschreckt und aufgescheucht wurden die noch im Feld fest in ihrer Sasse liegenden Hasen.

Jetzt war der Jagdtrieb in uns erwacht. Kreuz und quer ging die Hatz. Alle schrien durcheinander. „Hierher!" „Nein hierher!" Die Handhacke tat gründliche Arbeit. Die Kartoffelstauden wurden zerfleddert, die Dämme verloren ihre Formen. Bautz, lag wieder einer der Jäger in der Furche und begrub gleich mehrere Kartoffelstauden unter sich. Solch eine Treibjagd zu schildern, vermochte wahrscheinlich nur Strohmeyer, uns wird sie keiner glauben. Ruhe kehrte ein. Außer Atem besahen wir den Kartoffelschlag. Verwüstet wie nach einem Hagelsturm, selbst Wildsauen hätten dies nach so kurzer Zeit nicht geschafft.

Zunächst überwog die Freude. Stolz zeigten die erfolgreichen Jäger ihre Beute, hoben sie hoch, um von den anderen ihres Erfolges wegen gelobt zu werden. Ernüchterung kam für kurze Zeit auf, als wir vom Feldweg aus unseren Kartoffelschlag im Sonnenlicht betrachteten. Ohne selbst davon überzeugt zu sein, sagte ich: „Wir gehen nochmal durch die Reihen, richten die Stauden ein wenig auf, und über Nacht haben sich die Pflanzen erholt." „Jetzt wird erst einmal die Strecke gelegt", sagte ich weiter. Sauber aufgereiht lagen vier Hasen am Feldrand. Paul und ich erfaßten die Situation, pflückten ein paar Kartoffelblätter ab, legten jedem Hasen ein Blatt auf den Windfang, und gaben allen anderen auch ein Blatt. „Steckt es euch an die Mütze." „So, und jetzt Mützen ab", befahl ich, „Strecke verblasen." Jeder stemmte die linke Hand in die Hüfte, hob die rechte Hand zum Mund. „Has tot, Has tot, Has tot," bliesen wir. Gut, daß wir in einer Reihe standen, denn Ralf und Ernst sprühten tüchtig beim Blasen, so ernst nahmen sie die Sache. Mir schien, es klang eher nach „Kartoffelsupp, Kartoffelsupp", als nach „Has tot." Feierlich gaben wir uns die Hand. „Waidmannsheil." „Waidmannsdank", wie auf einer erlesenen Jagd. Ralf bekam zuerst seinen Verstand wieder. Er sagte: „Jetzt kommt wieder Fleisch in den Topf. Kunigunde wird große Augen machen." Ich sagte: „Wir müssen die Hasen erst verstecken." Ganz sinnig stand Erhard vor den Hasen und sagte: „Die hatten keine Chance bei den vielen Jägern."

Die Hasen versteckten wir unter Kartoffelkraut und beeilten uns, den Schlag zu Ende zu selektieren. Die aufkommende Schwüle ließ uns immer schneller werden. Geschafft. Aber wie sah das Kartoffelfeld aus? Hier und da richteten wir die Stauden wieder auf. Aber meistens ließen die Pflanzen die Blätter hängen, zum Heulen war uns. „Wißt ihr was?" sagte ich, um die trübe Stimmung zu vertreiben, dabei zeigte ich auf die dunkle Wolke, die über dem Wald sichtbar wurde. „Es wird ein Gewitter geben, das könnte unser Glück sein." „Viel Gewitter im Mai, singt der Bauer Juchhei", zitierte Ernst. „Du Esel", antwortete Helmut, „wir haben August." „Weiß ich, aber es reimt sich so schön." Gemeinsam beschlossen wir, morgen, Sonnabend, noch einmal hierher zu gehen, den Schaden anzusehen und da und dort noch zu beheben. Alle waren einverstanden. Unser Jagderfolg vertrieb alle weiteren trüben Gedanken. Die Hasen wurden an einer Hacke waidgerecht aufgereiht. Immer wieder bliesen wir mit den Lippen: „Has tot, Has tot, Kartoffelsupp, Kartoffelsupp." „Ein Jäger aus Kurpfalz", löste „Lützows wilde Jagd" ab, als uns die Lippen den Ton versagten.

Am Hof angekommen, schickten wir Ernst und Helmut erst als Spähtrupp voraus. Tata, Tata, reine Luft. Allesamt zogen wir zu Kunigunde vor die Küche. Nie hätten wir es gewagt, ihre heiligen Räume, die Küche, zu betreten. Angelockt von fremden Geräuschen kam Kunigunde aus der Küche. Stolz präsentierten wir ihr die Jagdbeute. Sie kam aus dem Staunen nicht raus, schlug die Hände zusammen und strahlte: „Das gibt einen herrlichen Hasenpfeffer." Otto und Ingo erklärten sich sofort bereit, den Hasen das Fell über die Ohren zu ziehen. Prima. Sonntag gibt's Hasenpfeffer. Übererfreut rief Kunigunde uns ein „Waidmannsheil" zu. Ganz stolz, mit geschwollener Brust, erwiderten wir im Chor: „Waidmannsdank." Noch nie hatten wir Kunigunde so strahlend gesehen. „Hast du es gehört, Hans", sagte Ralf, „Hasenpfeffer gibt es. Hasenpfeffer!" wiederholte er.

In der Nacht wurde ich durch lautes Donnern wach. Kurz danach zog ein kurzes, aber heftiges Gewitter über Berlingerode. Die Bäume auf dem Hof wurden geschüttelt und die Zweige klatschten aneinander. Helmut wurde auch wach und sagte: „Der Himmel ist mit uns gnädig." Strahlender Sonnenschein am anderen Morgen. Der Verwalter vom Wallhof kam zu uns auf den Hof und sagte: „Ich komme von meinem Feldrundgang, wir haben Glück gehabt. Kein großer Schaden. Die Sonne trocknet alles wieder. Die Ernte kann bald weitergehen. Nur den Kartoffelschlag, rechts vom Kreuz, den hat es erwischt. Ein Wirbelsturm hat das Feld mächtig zerzaust. Aber die Stauden erholen sich bestimmt. Es ist eine gute Kartoffelsorte. Ganz schlimm hat der Sturm die Felder der Bauern in Böseckendorf verwüstet." „Waidmannsheil", wünschten wir uns nochmals nach dieser Nachricht. „Wenn wir unsere Prüfung bestanden haben", sagte ich, „dann beichten wir Strohmeyer unser Jagderlebnis. Er kann dann wieder eine schöne, aber wahre Geschichte darüber schreiben: „Queckenzüchter auf Hasenjagd." Ich glaube, dem fällt schon was ein." Waidmannsdank, morgen gibt es Hasenpfeffer.

Morgenstund bringt Sahne in den Schlund

An den naßkalten Tagen in der letzten Woche hatte ich mir einen mächtigen Schnupfen geholt. Maschinenpflege war im Sommer eine schöne Arbeit, wenn es sie gab. Aber jetzt im Herbst standen wir oft mit klammen Fingern an den Maschinen und Geräten. Sauber den Dreck abkratzen, blank bürsten und dann einfetten. Oft waren Schrauben durchgebrochen oder Teile verbogen, das gab dann eine Abwechslung. Manchmal mußte ein Teil ausgebaut werden und dann zur Dorfschmiede gebracht werden. So etwas tat ich immer gleich freiwillig.

Hatte der Schmied Lust und Zeit, konnte ich in der Werkstatt zusehen. Warm war es meistens auch in der Schmiede. Trotzdem, der Schnupfen war da, die Taschentücher waren schnell alle verbraucht. Für ein Wäschepaket nach Hause reichte die andere schmutzige Wäsche noch nicht aus. So mußte ich zur Tat schreiten. Natürlich gab es am Wochenende wieder kein warmes Wasser. Das Duschen fiel auch aus. Also ran, Ärmel hoch, die Taschentücher unter dem Wasserstrahl erst einmal vom Gröbsten befreien und gleichzeitig einweichen. Gut, daß ich noch ein Stück Kernseife besaß. „Geh sparsam damit um", hatte meine Mutter noch im letzten Brief geschrieben. Beim zweiten Vorspülen fühlten sich die Taschentücher schon nicht mehr so glitschig an. Und ich überwand mich, unter dem laufendem Wasserstrahl die Tücher kräftig auszuwringen. Anschließend legte ich die Taschentücher jeweils einzeln an den Beckenrand und schrubbte sie tüchtig mit Kernseife. Durchrubbeln, auswringen, spülen. Geschafft! Zum Trocknen hängte ich die Tücher über den Zwischensteg am Bett. So waren sie am nächsten Morgen schon fast trocken. Waschtag beendet.

Am folgenden Sonntag blieb ich in der Stube. Draußen nieselte es fast den ganzen Tag. So hatte auch keiner Lust, zum Tanzen zu gehen. Alle beschäftigten sich mit Putz- und Flickarbeiten oder lasen oder schrieben längst fällige Briefe. Ich war auch im Rückstand. Doch erst mußten einige Socken gestopft werden. „Fleischhauers Junge guckt durch Webstuhls Fenster." Perfekt stopfte ich die Löcher und waren sie auch noch so groß. Nicht einfach zusammenziehen, nein, Faden neben Faden! Langes Fädchen, faules Mädchen. Obwohl ich dieses nie verstanden habe, nahm ich einen mittellangen Faden. „Ja, ja, sagte der alte Oberförster und seine Tochter Käthe saß am Fenster und nähte", sprach ganz sinnig Rudi, er verriet nicht, wie er gerade jetzt darauf kam.

Ab Montag hatte ich wieder für eine Woche Melkdienst. Max und Heinrich waren auch dabei. Wer den Wecker hatte, mußte die anderen beiden wecken. Diesmal war aus jedem Zimmer einer dabei. Dadurch wurden die anderen schon mit wach und schimpften dann wie die Rohrspatzen. Ich ging früh zu Bett. Kurz vor halb vier Uhr rasselte der Wecker. Sofort bekam er einen Klaps auf den Deckel und schwieg. Raus aus den Federn, rein in die Socken.

Mir bereitete sofortiges Aufstehen keine Schwierigkeiten. Als Eleve auf dem Rittergut Angelroda hatte ich es gelernt. Wenn morgens kurz vor 5 Uhr der Hofmeister, der im Dorf wohnte, auf seinen Fingern pfiff, ich hatte es einfach zu hören, schoß ich wie ein geölter Blitz in die Hose, rein in die Schuhe, den Rest klemmte ich mir unter den Arm. Meine hoheitsvolle Aufgabe bestand damals darin, im Morgengrauen das große Hoftor aufzuschließen. Außerdem hingen an dem großen Schlüsselbund noch die Schlüssel für die Futterkammern. „Heute hat es aber lange gedauert", knurrte mich der Hofmeister oft an. Dabei hatte es nie länger als drei Minuten gedauert.

Max wie Heinrich rüttelte ich an den Schultern, damit die anderen nicht gestört wurden. Unten im Waschraum Katzenwäsche, dann ab nach draußen. Es war noch dunkel. Wir gingen nicht die Abkürzung, sondern liefen der Straße nach. Im Kuhstall brannte bereits das Licht. Wir waren aber pünktlich und Melkermeister Sauerbier hatte keinen Grund, mürrisch zu sein. Unsere Arbeiten kannten wir. So fing ich an, mit der Mistgabel die größten Kuhfladen hinter den Kühen in die Gosse zu ziehen. Langschläfer unter den Kühen bekamen einen Stups mit der Gabel. Reichte dies nicht aus, pikte ich mit der Gabel ans Hinterteil, das reichte immer. Das übrige saubere Stroh verteilte ich wieder gleichmäßig im Stand.

An der Stalltür fing ich mit meiner Arbeit an, so konnten Meister Sauerbier und sein Gehilfe schon mit dem Melken anfangen. Der Gehilfe hieß eigentlich Schulte, auf seine etwas dunkle Hautfarbe hin nannten wir ihn "Malzbier". Davon wußte er aber nichts. Es wäre uns auch sehr schlecht bekommen. Er war groß und stark und ein wenig unberechenbar. Auf einem Tanzabend hatte er mit einem Prankenhieb seinem Konkurrenten das Nasenbein zersplittert. Stalldunst macht lustig. Max half mir, während Heinrich vom Futtergang aus den Kühen Futter zuschob. „Die Kuh milcht durch den Hals." Finger hatte uns das gesagt. Jetzt war die Gelegenheit. Ich holte meinen Eimer aus der Milchküche. Selbst im Dunkeln konnten wir den Becher finden. Ein Griff, schön langsam ganz flach über die Milch, das gab die reinste Sahne. Dann den Trunk genüßlich durch den Schlund laufen lassen. Nur so konnten sich die Fettpartikel gleichmäßig über unsere Pansenwände verteilen und der Darm bekam auch noch etwas mit. Schon beim ersten Trunk.

Meister Sauerbier teilte mir eine Kuh zu, die ich melken sollte. Meist bekamen wir die Kühe, die kurz vor dem Trockenstehen waren, oder, wenn er mit uns Schabernack trieb, solche, die sich ganz schwer melken ließen und vielleicht noch widerspenstig waren. Lotte bekam ich zugeteilt. Schon einmal hatte ich sie gemolken. Sie war brav, sah mich mit ihren großen Augen an, und wandte sich wieder ihrem Futter zu, ohne mir weitere Aufmerksamkeit zu widmen. Gut, daß nicht mit Stroh im Stall gespart wurde. Lotte hatte so richtig in ihren Kuhfladen geruht. Ausgerechnet auf der Seite, auf der ich nun melken mußte. Reichlich Stroh in die Hand und das Gröbste wegwischen. Dann auf den Hocker, den Eimer zwischen die Knie. Lottes Euter hatte auch einen Teil vom Kuhfladen abbekommen. So nahm ich wieder Stroh und rieb so gut ich konnte die Kuhscheiße ab. Nun mußte ich anrüsten, denn dadurch wird die Milch angelockt und zum leichteren Ausfluß gebracht. Ich massierte das Euter, es war noch sehr schmierig. Erst störte es mich, dann war es mir egal.

Dann nahm ich die beiden Zitzen der Vorderviertel und begann zu strippen. Immer wieder viel mir dabei ein: „Stripp, strapp, strull, ist der Eimer nicht bald vull?" Blöde! Im Stall war es angenehm warm, so molken wir im Hemd Die Jacken blieben dadurch vom Stallgeruch etwas verschont. Obwohl ich lieb war zu Lotte, bekam ich immer wieder ihren Schwanz um die Ohren. Möglicherweise war es ihr Ausdruck der Zuneigung. Hunde wedeln ja auch mit dem Schwanz, wenn sie ihr Herrchen mögen. Ich stülpte meinen Hut fester auf den Kopf und den Kopf fest gegen ihre Oberschenkel. Wie ich es gelernt hatte, molk ich die vordere Hälfte gut aus. Nahm dann die hinteren Viertel, um auch hier die kostbare Milch in den Eimer zu bekommen. In den hinteren Vierteln ist immer mehr Milch als in den vorderen Vierteln. Dann kam das Nachmelken. Gründlich muß dies geschehen. Bleibt Milch im Euter, kann das zu Eutererkrankungen führen. Zuletzt knebelte ich beim Melken. Also nicht mit der vollen Hand, sondern ich legte den Daumen gegen den Zitzen und schloß dann die Hand. Eigentlich soll nur mit der vollen Hand gemolken werden, aber das strengt auch mächtig an. Als alle Massagen nichts mehr nützten, gab ich Lotte noch einen Klaps aufs Hinterteil und nahm meinen Eimer, um ihn in der Milchkammer auszuschütten.

Nun kam Erna an die Reihe. Sie war so gut wie trocken, gab also nur noch wenig Milch. Bei ihr mußte ich aufpassen. Zu gerne trat sie erst einmal aus. Kühe treten schräg nach hinten, so ist die Gefahr, auch seitlich stehend einen Tritt abzubekommen, recht groß. Ich setzte mich mehr seitlich und hielt den linken Arm immer als Schutz vor das Hinterbein. Viel Milch war es wirklich nicht, so konnte ich unser Patent noch ausprobieren: Strohhalme zusammenstecken, bis die Länge ausreicht, damit in den Eimer zu kommen. Kuhwarme Milch schmeckt gut. Doch mir lag gekühlte Milch mehr. In der Milchkammer nahm ich noch einen Becher voll. Köstlich, so ein Trunk in der Morgenstunde. Der Schlund und die Magenwände werden reichlich mit Fett versorgt. Der Darm nimmt es gelegentlich übel.

Nach Zeiten der Magerkost erging es uns wie den Kühen, wenn zuviel Rübenblätter gefüttert wurde. Galt es bei den Kühen schnell den Schwanz zu heben, so galt für den Sahnegeschädigten, schnell genug die Buxe runterzukriegen. Ich hatte meinen reichlich bemessenen Morgentrunk im Bauch.

Jetzt ging es ans Ausmisten. Alles Stroh, welches verschmutzt war, kam in die Mistrinne. Mußten wir auf dem Rittergut in Angelroda und auch in Liebenstein den Mist noch mit der Schubkarre raus auf die Miste fahren, so packten wir hier alles auf einen breiten Schlitten, Marke Eigenbau. Meister Sauerbier holte Moritz, den Bullen, an der Stange aus seinem Stand. Und mit Hilfe eines selbst entworfenen Geschirres zog Moritz den Schlitten aus dem Stall und weiter auf den großen Misthaufen. Oben auf dem Misthaufen wurde der Mist mit dem Misthaken vom Schlitten gezogen, und das Spiel konnte von vorne beginnen. „Ein Bauer ohne Mist, ein Advokat ohne List, ein Kaufmann ohne Geld, sind arme Leute in der Welt.“ Dieser Spruch fiel mir dabei ein. Wo ich ihn gehört hatte, wußte ich nicht mehr. Moritz schnaufte mächtig, wenn er den Schlitten auf den Misthaufen zog. Meister Sauerbier lobte Moritz, anschließend bekam er dafür ein gutes Futter.

Doch gute Bullen dürfen nicht zu fett gefüttert werden, sonst sind sie für die Zucht unbrauchbar. Wenn wir den Stall sauber gefegt hatten, war unsere morgendliche Arbeit erledigt. Das war dann so gegen sieben Uhr. Dann hieß es, schnell Waschen und die stinkigen Sachen wechseln. Sonst durften wir nicht in den Eßraum. War Unterricht, so nahmen wir natürlich daran teil. In dieser Woche fiel der Unterricht aus. Zu viele Erntearbeiten mußten erledigt werden, und das Wetter spielte gar nicht mit. Die Kartoffeln mußten raus, Dünger gestreut, Rüben gerodet werden. Alles Arbeiten, bei denen die Schüler gut zu gebrauchen waren. Beneidet wurde der Melkdienst von der Gruppe, die Stecklinge ausmachte und anschließend einmietete. Das war eine Sauarbeit, besonders wenn es, wie in diesen Tagen, naßkalt war. „Ein kalter Oktober den Bauern freut, er bringt den bösen Raupen Leid.“ So zogen wir wohlgemut um 10 Uhr wieder zum Wallhof in den Kuhstall. Die Kühe kauten noch genüßlich ihr Frühstück wieder. Was uns heute erspart blieb. Denn der dicke Haferbrei hatte viele Spelzen. „Spucksuppe“ von uns betitelt. Und der Honig auf den Schnitten erinnerte mich stark an den Kunsthonig im Krieg. Wir nannten ihn „Mussolinischmiere.“ Aber es gab Mahlzeiten, bei denen wir schon die Kühe um ihre Fähigkeit beneideten.

Küheputzen war befohlen. Wir erhielten Kartätsche und Striegel und versuchten, die Kuhdamen salonfähig zu machen. Bei dem Sauwetter eine schöne Arbeit. Meist ließen sich die Kühe die Körperpflege gefallen. Das Hinterteil und der Schwanz waren am meisten verschmutzt. Wenn ich dann mit der Kartätsche zu grob an den Klunkern riß, dann trat die Kuh aus. Ganz so empfindlich wie Pferde, sind die Rindviecher allerdings nicht.

Auf dem Rittergut in Angelroda hatte man mir, wohlwissend was kommt, das Milchpferd zum Putzen gegeben. Es war schon ein betagter Gaul, der sich sein Gnadenbrot damit verdiente, zweimal am Tag die Milch mit einem leichtgängigen Wagen zur nahen Molkerei zu bringen. Oder er mußte den großen Misthaufen festtreten, was ihm absolut mißfiel. Ich nahm an, es war unter seiner Würde. Als ich Max, so hieß das Pferd, zum Putzen bekam, kamen alle Pferdeknechte, um zuzusehen. Aus einer respektvollen Entfernung gaben sie mir brüderliche Anweisungen, wie ich richtig vorzugehen hatte. Natürlich ahnte ich ja nicht, auf was sie warteten. Selbst der Hofmeister fand sich ein. Oh Wunder, trieb er sonst immer nur zur Eile. Nachdem ich den Rücken gestriegelt hatte, meinten alle: „Das genügt. Jetzt noch ein wenig am Bauch, aber stell dich mit dem Rücken zum Kopf, das hat Max lieber." Ich Dussel tat, wie mir geraten. Noch keine zwei Striche hatte ich getan, da spürte ich einen schmerzhaften Biß in mein Hinterteil. Zog ich mein Hinterteil ein wenig ein, biß mich Max in den Rücken. Der Hofmeister machte dem Scherz ein Ende. Trotzdem mußte ich Max weiterhin putzen. Viele Bisse bekam ich noch ab, Schulter, Oberarm, Max schaffte es immer. Dafür bekam er, wenn es keiner sah, auch sein Fett ab. So ein Hieb mit der Kartätsche schmerzte bestimmt auch, er ignorierte es, und fand Gelegenheit zur Revanche. Auf dem Rittergut wurden noch die Striche gezählt, gemeint ist der Staub, den der Putzer aus der Kartätsche klopft. Bei Max holte ich mir die nötige Anzahl vom Rücken, niemals mehr vom Bauch. Blaue Flecken zeichneten meinen Rücken und die Arme, vom Hinterteil ganz abgesehen. Getreten hat Max nie.

Auf dem Wallhof achtete Meister Sauerbier sehr darauf, saubere Kühe zu haben. Die Kuhschwänze wurden in einem Eimer mit Wasser gewaschen, das ging schneller! War der Kuhschwanz dann genügend abgetrocknet, wurde er noch fein säuberlich gekämmt. Meister Sauerbier erzählte uns, auf einem Betrieb hätte er gesehen, daß man die Schwänze der Kühe an einem Bindfaden befestigte, der wiederum an einem oben im Stall entlangführenden Draht befestigt war. Er wie wir waren der Ansicht, dies wäre nicht gut. Die Kühe könnten sich so nicht der Fliegen erwehren.

Während der Sommerzeit hing Meister Sauerbier viele Fliegenfänger auf. Aber die Fliegen waren so wild, einen Platz auf dem Fliegenfänger zu kriegen, daß dies auch nur eine Zeitlang half. Im letzten Sommer gab es keine zu kaufen, das war eine schlimme Zeit für die Kühe. Wenn wir am nächsten Vormittag in den Stall kamen, war die Morgen- und Abendmilch schon vom Milchwagen abgeholt. Meist hatte Meister Sauerbier für uns noch eine Dose voll Milch weggestellt. Wir dankten ihm. Wir waren überzeugt, daß er wußte, daß wir oft einen Trunk in der Milchkammer nahmen. Mit Schweizern muß man sich gut stellen. Die Stalluft macht jähzornig und schon manch junger Verwalter oder Eleve hat im Schweinsgalopp den Stall verlassen, bevor die Mistgabel geflogen kam. Sehr oft verdiente der Schweizer auch mehr als der Verwalter. Und wer echten Krach mit dem Melker bekam, konnte am Sonntag selber melken. Wir holten noch Futter vom Heuboden, Erbsenstroh und Wiesenheu als Rauhfutter. Stroh zum Einstreuen wurde erst am Nachmittag runter geholt. Es war zu wenig Platz im Stall.

Den Moritz pflegte Meister Sauerbier alleine, auch der Gehilfe Malzbier machte ein großen Bogen um Moritz. Gruselgeschichten gab es genug von zerquetschten Rippen, blauen Zehen oder von den Hörnern zerfetzten Jacken. Kurz nach 16 Uhr ging es wieder in den Kuhstall zum Melken. Mittags brauchten wir nicht zu melken. Dies besorgte Meister Sauerbier selbst. Es waren auch nur wenige gute Kühe, die sehr viel Milch gaben. Nach dem Ausmisten und dem Gang fegen konnten wir nach Hause gehen. Frau Sauerbier säuberte die Milchgeschirre und Eimer. In Reih und Glied hingen sie an dem dafür vorgesehenen Haken. Unser Milchkühler war einfacher Art. Oben gossen wir die Milch in eine Art Rinne, die über die gesamte Breite des Milchkühlers ging. Wie über ein Waschbrett, nur größer und breiter, lief die Milch über die Rippen. Unten wurde die Milch wieder in einer Rinne aufgefangen und in die darunter stehende Kanne geleitet. Das Geheimnis der Kühlung lag darin, daß oben ein Zulauf von kaltem Wasser war, der das „Waschbrett" von innen kühlte. Auf kleineren Betrieben wurde die Milch meist in der Kanne in ein Wasserbassin gestellt.

Die Kuh Else war bald mit Kalben dran. Meister Sauerbier versprach uns, von der Beestmilch eine kleine Kanne voll mitzugeben. Fräulein Kunigunde sollte dann Pfannkuchen daraus für uns backen. Nach dem Kalben ist die erste Milch, die Beestmilch, sehr fett und eiweißreich. Das Kalb bekommt sie als erstes gereicht. Die Beestmilch ist nämlich auch abführend, für das Kalb wichtig, damit das Kalbspech aus den Gedärmen verdrängt wird.

Am letzten Tag unseres Stalldienstes verriet uns Meister Sauerbier noch, wie wir das Alter einer Kuh feststellen könnten und auch, wieviele Kälber die Kuh schon bekommen hat: Am Horn sind Vertiefungen. Die Vertiefungen entstehen durch die Trächtigkeit. Eine Vertiefung heißt ein Kalb, und ein Alter von drei Jahren. Denn nach zwei Jahren wird das Jungrind zum erstenmal gedeckt. Ist der Abstand der Vertiefungen größer, so ist die Kuh nicht gleich wieder trächtig geworden. Die Beestmilch bekamen wir doch nicht, da Fräulein Kunigunde es kategorisch ablehnte, auch wenn die Pfannkuchen noch so schön goldgelb davon würden. Wir vermuteten, sie hatte ihre eigenen Rezepturen.

Grundfutter, Rauhfutter

Das Pupen nahm an Umfang zu und verstieß so schon lange gegen Anstand und Sitte. Während der Mahlzeiten im Beisein von Kunigunde wurden die Sitten gewahrt. Dies kam aber daher, daß zwischen den Mahlzeiten genug Zeit lag, um die entstandenen Gärungen abklingen zu lassen. Als Grundfutter, so hatten wir es bei Finger gelernt, bezeichnet man die in der eigenen Wirtschaft erzeugten Futterstoffe. Ganz richtig. Der Weißkohl oder der Rotkohl, auch der Wirsing stammten aus der eigenen Wirtschaft. Wir selbst hatten ihn auf dem Feld geerntet und Kunigunde zur weiteren Fütterung überlassen. Unwissend, daß Kunigunde in keiner Weise die Folgen absehen konnte. Dies auch, weil sie nicht an den Unterrichtsstunden über Fütterungslehre teilgenommen hatte. Warum wohl gibt der Landwirt den Kühen Anfang Mai im Übergang Grünfutter mit Rauhfutter gehäckselt? Natürlich um Qualen bei seinen Tieren zu vermeiden. Wir erhielten das Grünfutter als Grundfutter ohne Beigabe von mildernden und verhütenden Rauhfuttergaben. Kunigundes Einfälle waren unübertrefflich! Kohl als Rouladen, ohne Füllung, Kohl als Gemüse und Kohl als Suppe. Die verheerende Wirkung auf unser Gescheide blieb dieselbe. Kohl bläht, aber ernährt seinen Mann.

Schon vor Monaten hatten wir im praktischen Unterricht genau gezeigt bekommen, wo der Pansenstich anzusetzen ist. „Nur Mut“, sagte Finger damals. „Wenn die Kuh gerettet werden soll, muß gehandelt werden. Unverzüglich.“ „Ist kein Trokar zur Hand, nehmt ein spitzes Messer.“ Er fügte noch hinzu: „Die Wunde, richtig behandelt, heilt schnell ab.“ Grundfutter in Form von Kohl war reichlich da, für Nachschub wurde gesorgt. Denn meistens standen die voll gepackten Wagen über Nacht bei uns auf dem Mittelhof, so konnte sich die Küche reichlich bedienen. Die Brotrationen waren schon lange gekürzt worden, und so gab es abends oft Spelzensuppe, ohne noch eine Scheibe Brot mit dem berühmten Pferdebohnenaufstrich.

Doch jetzt ersetzte Kunigunde aufgrund des großzügigen Zuflusses von Kohl die Spelzensuppe durch Kohlgerichte. „Kohl bleibt Kohl.“ An einem Abend, nach einem reichlich bemessenen Kohlessen, war es soweit. Wir, Helmut und ich, lasen noch einmal genau den Text durch. „Pansenstich“ hieß die Überschrift. Einige Freiwillige hatten sich gefunden, die bereit waren, alles über sich ergehen zu lassen, wenn Linderung dadurch zu erwarten war. Da stand geschrieben: „Nach Aufnahme von saftigem, grünen Futter“, ob gekocht oder ungekocht, stand nicht dabei, „bläht der Magen auf. Es bilden sich durch die Gärung sehr schnell große Mengen von Gasen. Es kommt zu Atemnot.“ Genau dieses traf auf einige Schüler zu, denn sie behaupteten, daß ihnen Treppensteigen Mühe machen würde, eben wegen der Atemnot. Wir lasen weiter: „Ein Strohseil mit Teer beschmiert ins Maul, damit der Schüler“ wir ersetzten „Kuh" durch „Schüler" „kaut.“ Die Freiwilligen stöhnten auf. „Das lassen wir nicht zu, auf keinen Fall! Ihr habt ja keinen Teer!“ riefen sie schadenfroh. „Stimmt“, gaben wir kleinlaut zu. Wir lasen weiter: „Den Körper mit kaltem Wasser übergießen, den Leib reiben.“ „Komm mir nicht zu nah, ich schlage aus“, sagte Elmar und tat es, um seinen Worten die entsprechende Wirkung zu verleihen. Pup, pup. „Oooh“, rief er, „was tut das gut.“ „Dann steht da noch“, sagte ich, „den Schüler umherjagen.“ „Das ist das richtige Mittel!“ Alle riefen: „Wie Kyrion seine Liesel, als sie aufgebläht war wie ein Luftballon“. Stühle und Tische wurden an die Seite gerückt. Und schon trabten alle im Kreis, hüpften oder bockten wie übermütige Fohlen und hofften auf

Linderung. Diese zeigte sich in den verschiedensten Tonarten, die aber gänzlich im Getrampel von vierzig Hufen untergingen.

Am nächsten Tag erzählten wir Strohmeyer von unseren Nöten. Dabei zitierten wir den letzten Satz aus dem Lehrbuch: „Öfter aufblähende Tiere (Schüler) sind baldigst zu mästen und zu verkaufen." Strohmeyer zeigte Verständnis, überlegte kurz, und meinte dann: „Ich werde mit der Eier-Ursel sprechen, sie hat mir von einigen Hühnern erzählt, die nicht mehr legen. Dies sind Kochtopfaspiranten. Ich sage Fräulein Kunigk Bescheid, sie wird euch davon eine gute Hühnersuppe kochen, die bringt eure geschädigten Gescheide wieder ins Gleichgewicht. Wo waren wir in der letzten Stunde stehengeblieben?" Strohmeyer wußte es selbst: „Wir sprachen über den Bauernkrieg, in dem Thomas Münzer eine bedeutende Rolle spielte. Er wurde in Mühlhausen 1625 gefangengenommen und hingerichtet." Er sprach weiter von den Zwölf Artikeln der Bauernbewegung. „Im vierten Artikel fordern die Bauern, die bisher keine Befugnisse hatten, Wildbret, Geflügel oder Fische zu fangen, einen Teil davon zu bekommen." Dies war wohl die Überleitung gewesen, so vermuteten wir später, zu einer heiteren Geschichte aus seinem Jägerleben. Wenn ich es noch richtig in Erinnerung habe, so ging es um ein Kesseltreiben im Winter. „Es war kalt", schilderte Strohmeyer, „so kalt, daß man kaum den Schießfinger krumm bekam." Einer von den Schützen sieht auf dem Wildwagen des Försters, dessen Jagdtasche leicht offen liegt, ein paar Würstchen gut verpackt in Butterbrotpapier liegen. Der Schütze sieht, als er sich vergewissert, ob ihn niemand beobachtet, in der Nähe an einem Feldstein eine hartgefrorene Fuchslosung liegen. Diese Würstchen sind denen in der Jagdtasche nicht unähnlich. So ißt er seelenruhig die Würstchen vom Förster auf und packt ihm dafür die hartgefrorene Fuchslosung in das Butterbrotpapier. Später beim Schüsseltreiben fragt der Schütze den Förster, wie ihm die Würstchen geschmeckt hätten? Der Förster antwortet: „Haben sie schon ihre Suppe gegessen?" „Ja, natürlich." Da lacht der Förster: „Wünsche guten Appetit. Ich habe keine gegessen. Ich hatte da meine Würstchen zum Anwärmen hineingeworfen, und da ich sie nicht wiederfand, habe ich vorsichtshalber auch keine Suppe gegessen."

Hühnersuppe aßen wir auch nicht. Wir hörten, daß Kunigunde sich geweigert hatte, die ihr angebotenen Hühner für eine Suppe zu gebrauchen. „Die stanken ja schon zu mächtig, noch mehr als die krepierten Schafe." Dafür gab es eine andere Überraschung in Form von Rotebeetesuppe. Keiner hatte je eine Rotebeetesuppe gegessen. Wir labten uns daran und gaben ihr den Namen Rennfahrersuppe und lagen damit ganz treffsicher.

Paul, Besitzer des einzigen Fahrrades auf dem Mittelhof, hatte sich bereiterklärt, für uns Briefe zur Landfrauenschule Beinrode zu bringen. Sein Weg führte nach Worbis, und so nahm er den Weg nach Beinrode für uns auf sich. Schnell wurden ein paar Zeilen geschrieben, der Brief fest zugeklebt. Mit der Auflage, sie nur persönlich den Maiden zu übergeben, schickten wir Paul auf den Weg. Sehr spät am Abend kam Paul ganz niedergeschlagen zurück. Er sagte: „Ich war so vorsichtig, aber dann hat mich die Direktorin auf dem Flur erwischt und mir die Briefe abgenommen." „Na, wenn das man gut geht!" sagte ich als Betroffener. Es ging gut. Zu viert marschierten wir nach Worbis zum verabredeten Treffpunkt. Für zwei Stunden trennten sich unsere Wege. Viel gab es zu erzählen. Maria erzählte mir, daß ihr Vater Pastor sei, und fügte gleich hinzu: „Pastors Kinder und Müllers Vieh geraten selten oder nie." Dem konnte ich nun gar nicht beipflichten, obwohl wir uns erst zum zweiten Mal trafen. Natürlich erzählte ich ihr von dem vielen Kohl, den uns Kunigunde in allen Varianten servierte. Die bei uns aufgetretenen Folgen verschwieg ich. Auch bei ihnen gäbe es viel Kohl zu essen, und sie zitierte: „Blau Kohl, blau Kohl, das sind die besten Pflanzen, wenn das Mädel gegessen hat, hebt es an zu tanzen." Erst am Abend hatte ich Muße, noch einmal über den Spruch vom Kohl nachzudenken. Heißt es da nicht: „Hebt an zu tanzen!" Viel zu schnell waren die zwei Stunden verflogen. Der Ausgang der Maiden war sehr begrenzt und es lag noch der Weg nach Beinrode vor ihnen. Schnell noch ein Foto. Abschied. Schreibste mir, schreibste ihr, schreibe auf MK-Papier.

Wir wissen, was wir wollen

Novemberwetter, Novemberarbeiten und Novemberstimmung. Und die Stimmung hatte ihren Tiefpunkt erreicht bei der miesen Arbeit am Nachmittag: Schlamm schaufeln auf dem Wallhof. Die Rübenernte war so gut wie erledigt. Jetzt wurden die auf dem Hof gelagerten Rüben aufgeladen und zum Bahnhof gefahren. Zurück blieb elender Schlamm, und der Regen machte den Schlamm breiig. Der anschließende Frost ließ ihn kurz gefrieren. Das Schaufeln wäre dann besser gegangen und das Wegfahren bestimmt auch. Aber da mußten dringend noch die Möhren raus. Und gestern hatte es wieder genieselt, und gerade heute schaufelten wir Schlamm.

Kein Spott von den Kameraden sorgte für Kurzweil. Vielleicht lag es aber auch daran, daß wir auf dem Wallhof waren. Und wie auf allen Gutshöfen war das Fenster des Gutsherrn, hier Strohmeyers Büro, auf den Hof gerichtet. Der Herr muß von seinem Büro alle Türen und Tore sehen können. Heute standen wir im Blickpunkt. „Vielleicht nimmt Strohmeyer noch sein Fernglas zu Hilfe", sagte Horst, „um zu kontrollieren, wie weit unsere Gehänge nach unten hängen." Ein tolles Stimmungsbarometer. Ich schob den Schlamm, Helmut schaufelte. „Ist Strohmeyer überhaupt da?", fragte Ingo und hörte kurz zu schaufeln auf. „Das Auge des Herrn sieht alles", antwortete ich. „Auch wenn es nicht im Büro ist."

Der Pferdewagen kam wieder auf den Hof gefahren. Wir dirigierten den Wagen so, daß wir hinter dem Wagen standen. So glaubten wir, ein wenig Deckung zu haben. Emil, der Pferdeführer, verstand nicht, weshalb der Wagen so stehen sollte. „Ihr macht euch eure Arbeit noch schwerer!" Er begriff es nicht, schüttelte seinen Kopf, murmelte etwas von: „Müßt noch viel lernen, ihr Queckenzüchter." Ging zum Stall, um Häcksel zu

Beim Rübenroden

schneiden. „Kennt ihr nicht die Geschichte mit dem Glasauge?" fragte ich in die Runde. „Nee, erzähl?" „Paßt auf. Die Geschichte spielt in Afrika!" In gebückter Haltung standen wir hinter dem Wagen in Deckung. „Also. Der Herr hatte ein Glasauge und wenn er sein Haus verließ, legte er sein Glasauge auf den Schreibtisch und sagte zu seinen Arbeitern: Das Auge sieht alles. Wenn ich heute Abend zurückkomme, weiß ich genau, wer von euch faul war." „Schmeiß mal wieder ein paar Schaufeln Dreck auf den Wagen." Elmar tat noch mehr, er hakte die Kette vom Gespann wieder ein und ließ die Pferde den Wagen ein Stück vorziehen. „Jetzt müssen wir ja noch weiter schmeißen", schrie Horst. „Macht nichts. Hans, erzähl weiter." Ingo stieß mich an: „Mach schon." „Ja", erzählte ich, „das klappte ein paarmal recht gut." „Abends konnte der Herr genau sagen, wer faul gewesen war. Er kannte seine Leute zu gut. Es stimmte immer. Eines Tages kam er ungewöhnlich früh nach Hause, die Leute waren noch beim Schlamm aufladen." Ich machte eine Kunstpause. „Schmeiß mal wieder ein paar Schaufeln auf den Wagen." „Gut, reicht." Ich bekam wieder meinen Rippenstoß. „Und ja, da sah der Herr, daß sein Glasauge auf dem Schreibtisch mit einem dicken schwarzen Tuch zugedeckt war." „Wenn ich jetzt richtig schalte", sagte Helmut, „müssen wir jetzt das Bürofenster von Strohmeyer zuhängen." Elmar prustete: „Und dann guckt er aus dem Küchenfenster!"

Der Gespannführer kam vom Stall wieder zum Wagen. „Ist ja noch nicht voll", sagte er leicht vorwurfsvoll. „So blöd, den Wagen so hinzustellen. Könnt froh sein, daß Strohmeyer dies nicht gesehen hat." Er holte sich eine Schaufel und half uns, den Wagen voll zu laden. Spannte dann seine Pferde wieder ein und fuhr los. „Kratzt noch den Schlamm auf einen Haufen zusammen", rief er uns zu, „dann freut sich Strohmeyer, wenn er morgen wiederkommt." Unsere Behänge nahmen seltene Formen an. Wir kratzten und schaufelten, hinterließen den Hof in vorbildlicher Weise, als wir wie Füchse zum Mittelhof schnürten. Auf dem Weg kam uns die Weißkohltruppe entgegen. Lauthals waren sie am schimpfen. „Seht mich an, ich habe immer die Kohlköpfe abgeschnitten, die Blätter entfernt, Heinz hat sie dann aufgeladen!" „Sehe ich besser aus?" sagte Heinz entrüstet.

Die warme Stube tat uns gut, die schmackhafte Graupensuppe auch. Überall in den Räumen hingen unsere Arbeitssachen zum Trocknen und verbreiteten einen eigenartigen Geruch. Durch das Fenster sah ich in den dicken Novembernebel. Mit Phantasie konnte ich Figuren sehen, Bäume entstehen lassen, Hügel bauen. Ich war in eine andere Welt getaucht. „Komm, Hans", rief Ralf, „wir machen Schinkenklopfen. Alle machen mit", fügte er hinzu. „Komm!" Im Aufenthaltsraum waren alle schon versammelt. Ein Stuhl stand in der Mitte, und ein Handtuch haltend saß Helmut, unser Ältester, auf dem Stuhl. „Ich sorge dafür, daß alles gerecht zugeht", sagte er. „Na gut", sagte ich, „dir vertraue ich ja sonst blind, aber beim Schinkenklopfen, weiß ich nicht!" „Jeder muß einmal hier sitzen", antwortete er. „Einverstanden." "Ene mene muh, und dran bist du". Erwin war dran. Durch seine Hose schienen nicht nur sieben Sonnen, sie saß auch sehr stramm auf seinen Hinterbacken. Unsere Handflächen brannten und bekamen eine rötliche Farbe. Als wir glaubten, er hätte seinen Teil abbekommen, kam der nächste an die Reihe, den er ertappt hatte. Vorher hatten wir es natürlich immer abgestritten, auch wenn er richtig geraten hatte. Helmut sorgte mit seinem Handtuch dafür, daß das Opfer nichts sehen konnte. So glühten bald unsere Pranken, jeder war mit seinem Teil zufrieden, immer im Glauben, nicht das meiste abbekommen zu haben, aber reichlich gegeben zu haben. So saßen wir in der Runde, hatten unseren Seelenfrieden wiedergefunden. Es war wie früher in der Schule, wenn der Pauker seine Arbeit vollbracht hatte und die Schüler ihr lädiertes Hinterteil ganz vorsichtig wieder in die Bank schoben. Eine innere Zufriedenheit nahm den Platz der Angst und Unruhe ein. So war es auch heute. Eine eigenartige Ruhe umgab uns. Novemberruhe.

Der nächste Tag, ein Freitag, sah nicht besser aus. Doch Strohmeyer kündigte an, daß wir am Sonnabend erst die Abdeckerei, dann die Mühle in Worbis besuchen würden. „Und", sagte er und hob seinen Zeigefinger, „dann geht es zu einer Versammlung nach Beuren. Dort wird ein Vortrag an die Landarbeiter gehalten." Der Zeigefinger hatte also damit zu tun, dachten wir. „Am Abend gibt es dann Erbsensuppe, und anschließend ist Tanz." Diese Ankündigung ging schon im Jubel unter, betraf zunächst aber nur die Erbsensuppe. Vom Tanzen versprachen wir uns nicht viel. Erst als er unsere Frage, ob auch die Maiden von der Landfrauenschule Beinrode kämen, bejahte, wurden wir fast übermütig. „Meine Herren, meine Herren", Strohmeyer erhob seine Stimme, „jetzt bitte Ruhe." Selten sagte er: „Meine Herren", wir wußten, dann wird es ernst. So kehrte augenblicklich Ruhe ein. „Der Vortrag", so sagte er, „hat bestimmt einen politischen Hintergrund. Leider kann ich nicht daran teilnehmen, aber Herr Finger wird euch begleiten. Meine ganz große Bitte", ganz fest versuchte er, jeden einzelnen von uns mit den Augen zu erwischen, „keine Debatte in der Öffentlichkeit, auch wenn es nicht eure Auffassung ist, was ihr zu hören bekommt. Macht mir keine Schande". Wir konnten uns keinen Reim daraus machen, was für einen Vortrag wir uns anhören sollten. Durch heftiges Kopfnicken versprachen wir, ihm keine Schande zu machen. Lag Strohmeyer immer noch die Sache mit dem Minister im Magen? Aber die war glimpflich ausgegangen.

„Ziehst du deine Ausgehhose an", fragte mich Ernst. „Weiß nicht", sagte ich. „Erst Abdeckerei, dann Tanz. Paßt alles nicht." Rudi mischte sich ein und sagte: „Wir wissen ja gar nicht, was für Zimtzicken von der Landfrauenschule kommen!" Stiefel, Pullover, paßt alles. So sahen wir auch recht gemischt und bunt aus, als wir am Wallhof den klapprigen Bus bestiegen. Lehrer Finger hatte seine Breecheshose an und seine Jacke mit den Golffalten. Seine Krawatte saß wie ein Kälberstrick um seinen Hemdkragen. Sicher hatte Frau Finger ihn nicht zum Appell antreten lassen. Auf Krawatten hatten wir verzichtet, hatten dafür, soweit vorhanden, den Pullunder verkehrt herum angezogen. Unser erstes Ziel: die Abdeckerei. Ein widerlicher Gestank lag schon zwei Kilometer vorher in der Luft. In den Hallen war es noch schlimmer, als wir es uns vorgestellt hatten. Der Gestank und die feuchte Luft machte jeden von uns betroffen. Die Arbeiter waren damit beschäftigt, den krepierten Tieren das Fell abzuziehen. Ganz entrüstet sagte Erhard, „und dann kochen sie Seife davon, und wir waschen uns dann damit! Igitt, ich nehme nur noch klares Wasser."

Froh, den Anblick überstanden zu haben, sogen wir die Novemberluft ein. Sie erschien uns wie frischer Odem. Wie schon oft, beschworen wir, den richtigen Beruf, Landwirt, zu haben. In der Mühle konnte der Müller noch so laut schreien, das Klappern der Mahlwerke konnte er nicht übertönen. Trotz aller Vorsicht waren überall Spuren von Mehlstaub an unserer Kleidung. Draußen erklärte uns der Müller alles noch einmal genau. „Gut", sagte Helmut, „daß ich in der Mühle erst gar nicht zugehört habe. Hirnschmalz ist kostbar!" Weiter ging die Fahrt. Scherzhaft fragte mich Helmut: „Was meinst du, Hans, was auf unseren Butterbroten für ein Belag ist?" „Natürlich Kochkäse", antwortete ich. „War", sagte Helmut, „jetzt ist er im Papier verschwunden." Nachdem die Kaugeräusche verstummt waren, sangen wir ein flottes Lied. „Das Wandern ist des Müllers Lust". Es paßte gut und ließ uns die Abdeckerei vergessen.

Der Bus ächzte in allen Fugen, aber er fuhr. „Lieber schlecht gefahren, als gut gegangen", dachte ich. Beuren erreichten wir pünktlich. Flugs suchten wir uns die besten Plätze aus. Es gab Tische mit sechs oder acht Stühlen. Schon bald erkannten wir, daß wir unsere Plätze richtig gewählt hatten. Denn auf der gegenüberliegenden Seite füllten sich die Tische mit den Maiden der Landfrauenschule. Scheue Blicke von hüben und drüben. Dazwischen lag die Tanzfläche. Der Saal füllte sich mit allerlei Volk vom Lande. Jedem wurde eine Flasche Limonade gebracht, bezahlen brauchten wir nicht. „Fängt gut an", sagte ich. Helmut nickte mir zu. Meinen Stuhl hatte ich so gedreht, daß ich, ohne daß es sichtbar wurde, die Mädchen im Auge hatte und den Redner, wenn ich ihn sehen wollte, sehen konnte. Er konnte mich aber nicht sehen. Wie in der Kirche: den Pastor sehen und hören, aber nicht von ihm gesehen werden. Nur wenn die Kirche aus ist, am Ausgang, dann war es wieder wichtig. Lehrer Finger saß weiter weg, ganz vorne am Rednerpult. Horst und Ernst waren daher schon ganz vertieft beim Spiel: Schiffe versenken. Zunächst störte mich ihr Geflüster. „B drei". „Wasser."

„F zwölf". „Wasser." Ich wollte wenigstens wissen, was der Redner uns erzählen wollte. „K wie Kanal, sieben." „Wir gehen einer neuen Zeit entgegen", hörte ich ihn sagen. „Z wie Zeppelin, elf." „Mist, Treffer." „Unsere Landwirtschaft ist im steten Aufbau." „O wie Otto." Ich knurrte dazwischen: „D wie Dummköpfe! Hört lieber zu", sagte ich. „Ist wichtig für uns." „Noch stehen wir natürlich überall in den Anfängen", laut sprach es der Redner in den Saal. „Hoffentlich drückt uns Strohmeyer keinen Aufsatz auf", flüsterte Helmut mir zu.

Hinter mir am Tisch saßen ein paar ältere Landarbeiter, sie rauchten ihre Pfeife und gaben ständig ihr Urteil über den Redner ab. Als ich mich einmal umdrehte, sagten sie: „Guck, die Queckenzüchter sind auch da. Wollen auch die neue Zukunft miterleben." Endlich waren alle Schiffe versenkt. „Trotz Mangel an Düngemittel, Maschinen und Saatgut ist kein Hektar unbebaut geblieben", sagte der Redner, hob stolz die Brust, als hätte er es selber getan. Von wo es kam, weiß der Teufel! Aber es saß schon fest in meinem Gehirnskasten: „Wir wollen unseren alten Kaiser Wilhelm wieder ham." Deuker! Hatte ich doch schon früher einmal gehört. Ich stieß Helmut, der einzuschlafen drohte, in die Rippen: „Hörst du, wir wollen unseren alten Kaiser Wilhelm wieder ham." „Hast recht", antwortete er, jetzt wieder ganz wach. „Sag es weiter, ist Befehl." „Jawoll, weitersagen." Schon beugte er sich zum Nachbarn und flüsterte ihm sehr deutlich ins Ohr: „Wir wollen unsern alten Kaiser Wilhelm wieder ham." Entgeistert, aus der neuen Welt kommend, schluckte der Angesprochene. „Jetzt gleich?" „Natürlich, du Esel, wann sonst? Weitergeben! Hör dir doch den Quatsch an, den der da vorne uns aufdrücken will. Sag es weiter!" „Meinetwegen", sagte der Angesprochene und schüttelte den Kopf. „Der Anfang ist gemacht", rief der Gockel vom Rednerpult. Hinter uns klatschten sie Beifall. Sie meinten aber das mit dem Kaiser. „Das begonnene Werk muß erfolgreich fortgeführt werden", sagte der Redner. „Wir wollen unseren alten Kaiser Wilhelm wieder ham, aber den mit nem Bart." Mir schien, daß von vielen Tischen, hinter mir, aber auch vor mir, die Parole gleichzeitig kam. Durch die Zähne gepreßt, aber deutlich erkennbar. In Siegerpose hielt der Redner beide Arme hoch. Wir klatschten. Mir war klar, was wir wollten.

Schon kecker warfen wir unsere Blicke auf die andere Seite. Natürlich taten die Maiden desinteressiert, aber sie sahen gleichfalls oft recht forsch in unsere Richtung. Und ich hatte Maria entdeckt und spürte deutlich die Röte in meinem Gesicht. Unruhe kam im Saal auf, der Grund: Teller und Löffel wurden an den Tischen verteilt. Viele Hände halfen. Dann kamen die großen weißen Suppenschüsseln auf den Tisch. Sie duftete herrlich, die Erbsensuppe, und ließ die Geschmacksfäden in Strömen fließen. „Wird auch Zeit", meinte Erhard, „mein Magen sitzt mir schon wieder in den Kniekehlen." „Donnerwetter", sagte ich zu Helmut, „die neue Zeit fängt gut an." „Guten Appetit" wünschten wir uns an unserem Tisch und hauten tüchtig rein. Um uns herum nur Kaugeräusche, die hitzigen Debatten waren verstummt. Wir staunten, als von einer flotten Bedienung jedem noch ein Würstchen serviert wurde. „Auf in die neue Zeit", sagte Ralf. „Ach, Quatsch mit Senfsoße, hast du es nicht mitbekommen, wir wollen unseren alten Kaiser Wilhelm wieder ham" Finger sah von seinem Suppenteller auf und drohte zu uns rüber. Er saß an einem Tisch mit den Honoratioren. Ihm schwante Unangenehmes. Zu Hilfe kam ihm die Kapelle, die ihre Instrumente aufbaute. Der alte Kaiser war vergessen. „Zu welchem Mädchen gehst du zuerst?" fragte mich Helmut. „Kommt mir nicht in die Quere", drohte Rudi. Er sagte: „Dreht euch beide mal unauffällig um, seht ihr dort die Kleine mit dem geflochtenen Zopf?" „Ja", bestätigten wir beide. „Brauchst keine Befürchtungen vor uns zu haben", antwortete ich, „die reicht uns ja gerade bis zu den Brustwarzen. Ich habe Maria im Visier." „Es ist noch Suppe da." Als die Würste serviert wurden, fingen doch Ernst und Erhard am Nachbartisch mit den Füßen an zu scharren. Und Ernst wieherte leise, aber vernehmlich. „Mir ist es gleich, von wem die Wurst ist", sagte ich, „mir schmeckt sie prima. Von der Abdeckerei wird sie ja nicht sein", fügte ich hinzu. „Sei still", Erwin hielt mit dem Essen an und stöhnte, „mir wird übel, wenn ich daran denke." „Ich kröpfe mir noch einen Teller Erbsensuppe rein", sagte ich und schöpfte mir mit der Kelle einen dicken Schlag auf meinen Teller. Jeder tat das Gleiche. Es war unser dritter Teller. „Tüchtig hüpfen muß ich beim Tanzen, dann sackt das Futter", stöhnte Helmut, „oh, was bin ich pustesatt."

Mit einem flotten Marsch eröffnete die Kapelle den Tanz. Die Teller wurden an die Seite geschoben, hoch vom Stuhl, Jacke zuknöpfen. Schnelle kurze Schritte, verdammt, zu spät. Die Auserkorene wurde mir von einem anderen vor der Nase weggeschnappt. Mir schien aber, daß sie nicht mit ihrem Tänzer zufrieden war. Ich steuerte eine andere Maid an. Mein voller Bauch hatte Not, im Takt zu bleiben. Angst hatte ich, daß mir ein lauter Rülpser entfleuchen könnte. Es ging gut. Ein Tango löste den Marsch ab, gefolgt von einem Walzer. Die Kapelle spielte gut. Es glückte mir immer öfter, meine Auserkorene zum Tanz aufzufordern. Als Kurt vor mir Maria erreichte und seinen Diener machte, stand ich unmittelbar hinter ihm. Ich nickte ihr zu. Und sie kam auf mich zu. Kurt machte ein dummes Gesicht und verstand die Frauenwelt nicht mehr. Ich nahm dieses als Zeichen, daß auch sie mir zugetan war. Getränke gab es nicht mehr. So zogen wir in einer Pause zu viert nach draußen. Die Novemberluft tat gut. An einem Wassertrog kühlten wir unsere verschwitzten Gesichter und tranken reichlich von dem kalten Wasser. „Die Entscheidung fällt", raunte Rudi mir ins Ohr, „wenn Damenwahl kommt." „Tolles Mädchen", ergänzte er, „kommt vom Bauernhof, wie ich." „Bei mir fällt auch die Entscheidung", sagte ich. „Holt Maria mich, treffen wir uns bestimmt nochmal." Maria kam. Natürlich spielte die Kapelle einen flotten Walzer. Rechts und links herum, ich führte Maria schwungvoll. Sie lag wie eine Feder in meinen Armen. „Vielen Dank, schreib einmal."

Es war ein Uhr geworden, als die Kapelle zum letzten Tanz aufspielte. Die Maiden gingen geschlossen aus dem Saal, keine Chance, noch ein paar Worte mit ihnen zu wechseln. Lehrer Finger drängte zum Aufbruch. Unser altersschwacher Bus schluckte uns rein und rumpelte los. Kein flottes Lied erklang, jeder döste vor sich hin. Zu schnell waren die Stunden vergangen. Vielleicht wird es einmal eine Freundschaft geben mit Maria, sann ich nach. Sie gefiel mir. Nebelschwaden zogen an dem verschmutzten Fenster vorbei, zum Schlafen ließen die ruckelnden Bewegungen keine Möglichkeit. In Teistungen war die Fahrt zu Ende. Kein Bitten half, den Fahrer zu überreden, noch bis Berlingerode zu fahren. Der Sprit reichte nicht mehr, fehlende Lust schien aber auch im Spiel zu sein. Aus der Traum. „Hans, geh du voran, du hast die größten Stiefel an!" riefen alle im Chor. So tappelten wir los. Erst schweigend, dann: „Wir wollen unsern alten Kaiser Wilhelm wieder ham. Täterä, täterä, täterä." Das ließ die müden Läufe in den Gleichschritt bringen. Unser Leittier, Lehrer Finger, schritt zügig voran, so daß wir kaum folgen konnten. Wir lüfteten unsere Schirmmützen und ließen die feuchtkühle Novemberluft unsere erhitzten Köpfe kühlen. Wie hat doch der Redner gesagt, wir stehen an der Schwelle einer neuen Zeit? Wohl auf, ihr wackeren Ackersleut, wir sind bereit. Aber ob wir den gleichen Weg einschlagen? Ich bezweifelte es.

Schon im Halbschlaf auf dem Strohsack liegend, träumte ich von der neuen Zeit. Aber sie nahm keine Strukturen an. Da erlösten mich die Worte meines Vaters, ganz deutlich vernahm ich: „Junge, lernen, lernen und nochmal lernen. In schlechten wie in guten Zeiten. Was du gelernt hast, kann dir niemand wieder nehmen." Aber erst gönnst du mir doch eine Mütze voll Schlaf, Vater.

Wir machen unserer Hofdame unsere Aufwartung

Wir hatten Ende November. Die letzten Zuckerrüben wurden abgefahren. Die Zuckerrübenblätter kamen mit den Kohlblättern, die noch draußen lagen, ins Silo. Da es mehrfach schon gefroren hatte, mußte die Möhrenmiete abgedeckt werden. In einem Schlag mit Möhren waren wir gestern. Eine scheußliche Arbeit. Am Tage machte die Sonne die Bodenoberfläche schmierig, darunter war der Boden gefroren. Einer hob die Möhren mit der Gabel an, während der andere die Möhren rauszog ohne die Spitzen abzubrechen. Mit den Händen wurde der Schmutz abgestreift, dann die Möhren auf den Haufen geworfen. Der Unterricht fiel in diesen Tagen aus, weil noch so viele Außenarbeiten zu erledigen waren. Weizen mußte bestellt werden, Mist gefahren und die Winterfurche gepflügt werden. Mittags mußte bei den Möhren eine Wache bleiben, weil zuviel gehamstert wurde. Doch die Einheimischen wußten die Mieten zu finden und holten sich ihren Anteil im letzten Büchsenlicht.

Heute waren alle Schüler zum Zuckerrüben-Nachlesen aufs Feld geschickt worden. Wie immer war der Melkdienst von den Feldarbeiten befreit. So stocherten wir mit den verschiedensten Geräten wie Gabeln, Spaten oder Mistforken im Acker herum. Immer da, wo sich etwas Helles abzeichnete, gruben wir nach. Mit Erfolg oder auch nicht. Wenn es nur ein Rübenstück oder eine abgebrochene Rübenspitze war, wurde der Goldgräber ausgelacht. Am Nachmittag kam ein Ochsengespann vom Hof mit einer Egge, nun fing die Suche erneunt an.

War das Wetter am Vormittag noch leidlich auszuhalten, wurde es am Nachmittag ungemütlich. Zur Vorsicht hatte ich mir einen Kartoffelsack stibitzt, andere waren gleich schlau. Erst banden wir die Säcke vor den Bauch, denn wir mußten die Rüben oder die Rübenstücke oft weit im Korb bis an den Feldrand tragen. Die Körbe wurden von der Erde so schwer, daß wir sie mit zwei Händen faßten und vor dem Bauch trugen. Die Erde ließ sich aus den geflochtenen Körben nicht rausklopfen. So schützte der Sack als Schürze unsere Hosen. Die Stimmung war mies, nur wenn flotte Sprüche uns aufmunterten, ging es eine Weile. Als ich sagte: „Arbeit erhält jung und gibt Kraft, Faulheit macht alt und erschlafft“, bekam ich gleich von mehreren Seiten Rübenstücke auf den Pelz. Kein Verwalter, kein Lehrer kam aufs Feld. „Das ist das richtige Wetter für meine Knecht, dann arbeiten sie tüchtig, sonst frieren sie recht.“ Viele Rübenstücke flogen in die Richtung, aus der jemand gewagt hatte, solch einen frommen Spruch von sich zu geben. Nicht von der Arbeit wurden wir warm, sondern vom Werfen und anschließenden Auflesen. Nieselregen machte den Boden noch klebriger, so daß wir Mühe hatten, auf dem Feld zu laufen. Die Kartoffelsäcke wurden zu Regenhauben umgebastelt. Ganz einfach: die eine Sackspitze in die andere stecken und wie eine Haube auf den Kopf. Dabei ist gleichzeitig der Rücken geschützt. Wer es gut meinte, band noch einen Bindfaden in Hüfthöhe um den Bauch. Wie zu groß geratene Zwerge sahen wir aus. „Wir wollen unsern alten Kaiser Wilhelm wieder ham, aber den mit dem Bart, aber den mit dem Bart.“ Damit sangen wir unsere Wut aus dem Bauch. Immer wieder und immer lauter wurde unser Schlachtruf in die sich anbahnende Dämmerung geschrien. Keiner nahm Notiz von uns.

Im letzten Büchsenlicht zogen wir zum Mittelhof. Eine wüste Horde. „Wir wollen unsern alten Kaiser Wilhelm wieder ham“, grölten wir noch, auf dem Mittelhof angekommen. Keiner kam. Auch Lehrer Finger, sonst schnell zur Stelle, wenn wir über die Stränge schlugen, ließ sich nicht blicken. Die Arbeitskleidung blieb im Keller, ein Säubern war nicht angebracht, der Schmutz klebte fest.

Im gut geheizten Eßraum tauten wir auf. „Arbeite gern und sei nicht faul, gebratene Tauben fliegen keinem ins Maul.“ Jetzt bekam ich keine Rübenstücke oder Erdklumpen an den Balg. Die Suppe wurde aufgetragen. Spucksuppe, der vielen Spelzen wegen so genannt. Gut gewürzt waren die Brote, die geschmiert und abgezählt für jeden bereit lagen. Heute schmeckte Majoran durch, oder? Artig saßen wir da und warteten auf den Aufbruch und den Gute-Nacht-Wunsch von Kunigunde, den wir erwiderten. Ganz gedämpft erscholl danach: „Wir wollen unsern alten Kaiser Wilhelm wieder ham.“

Da es ein gewöhnlicher Wochentag war, ein Dienstag, wußten wir nicht so recht mit uns etwas anzufangen. Tanz gab es in der Woche nicht. Zum Lernen fehlte jeder Eifer. Selbst zum Schinkenklopfen, ein beliebter Lückenbüßer, hatte niemand von uns Lust. Einen durchs Bett krachen lassen? Alle paßten zu sehr auf. Vom vielen Rumtrödeln war es zehn Uhr geworden. Zeit ins Bett zu gehen. Rudi vom Melkdienst erzählte beiläufig von einer Geburtstagsfeier bei Strohmeyer. Frau Strohmeyer hatte Geburtstag. Damit brachte er unsere Welt wieder in Ordnung. Zugleich aus vielen Kehlen kam es: „Wir gehen gratulieren. Bestimmt fällt ein Schnaps und eine gute Zigarre ab.“ Nun wurde eifrig beraten. „Finger darf nichts davon merken, also muß das Klofenster im Waschraum offen bleiben.“ Immer, wenn wir uns besonders riskante Dinge ausdachten, bekam Karl, unser Jüngster, Bauchschmerzen. So auch heute. Uns paßte es. „Du sorgst dafür, daß das Fenster nicht geschlossen ist.“ Lehrer Finger hatte die Angewohnheit, abends noch einmal durch alle Räume zu gehen. Bei der Kälte draußen sorgte er auch dafür, daß alle Fenster, besonders im Keller, geschlossen waren. Ausgeschimpft hatte er uns deshalb schon mehrfach und uns Leichtsinn vorgeworfen, der Wasserleitungen wegen. Die Haustür wurde um zehn Uhr geschlossen, einen Schlüssel bekamen wir nicht. Unser Jüngster wurde vergattert. „Du bekommst eine echt gute Zigarre von uns.“ „Ich tue es auch so.“ Der Gedanke, er müßte die Zigarre auch rauchen, ließ ihn alle Wünsche von uns erfüllen. Ein Geburtstagslied fiel uns nicht so schnell ein. Wir wollten es beim Gratulieren belassen. Aber mit Musik sollte es geschehen. Sagen wir Radau. „Wir lassen Frau Strohmeyer hochleben und machen dazu richtig Krach.“ Alle Mühsal des Tages war dahin. Topfdeckel wurden organisiert. Vom Kartoffeldämpfer den großen Deckel, ein Stock dazu, sagenhaft. Ein Horn, wahrscheinlich von einem Streckenwärter der Eisenbahn, tauchte auf, das paßte zu mir. Wir waren gerüstet. „Erst wenn Finger seinen Rundgang gemacht hat“, schärften wir unserem Jüngsten ein, „erst dann gehst du runter und drehst den Griff wieder rum.“ Er hatte verstanden, weil wir angedroht hatten, er müßte sonst zwei Zigarren rauchen.

Immer mit Abstand schoben wir uns lautlos durchs Klofenster raus. Dabei stellten wir fest, es war viel schwieriger als reinzukommen. Rein kannten wir zur Genüge. Einer mußte dem anderen Hilfestellung geben. Karl gab dem letzten Hilfe und erledigte damit seine erste Pflicht. Leise schlichen wir vom Hof. Treffpunkt war der Hohlweg, ein Stück weg vom Mittelhof. Seit ein paar Tagen hatten wir abnehmenden Mond. Weg und Steg kannten wir. Doch beim Anschleichen über den Wallhof bis an die Haustür half uns das Mondlicht. Im Gutshaus war noch Licht, die Gäste schienen aber alle schon weg zu sein. Dies erschien uns günstig. Vor der großen Eingangstür stellten wir uns auf. Und dann ging der Höllenkrach los. Dazu sangen wir: „Hoch soll sie leben, hoch soll sie leben!“ Doch beim Krach ging der Minnegesang wohl gänzlich unter. In voller Breite stand Schulleiter Strohmeyer in der Tür. Es war sicherlich das erste Mal in seinem Leben, daß er nicht gleich Worte fand. Unser Hochleben verstummte gleichzeitig mit der Musikbegleitung. „Ihr Himmelhunde!“ Ich meinte, er hätte es mehrfach wiederholt, und meine Mitwirkenden bestätigten es, als wir Tage später alles noch einmal genüßlich Revue passieren ließen. „Nun kommt rein.“ Artig gab jeder Frau Strohmeyer die Hand mit einem tiefen Diener und wünschte alles Gute zum Geburtstag. Die Tische waren bereits abgeräumt. Schade. Strohmeyer sah ein, daß er uns nicht ohne etwas spendiert zu haben wieder zurückschicken konnte. Außerdem standen wir Schüler bei Frau Strohmeyer in hohem Ansehen. Warum? Vielleicht waren es die kleinen Besorgungen, die wir hier und da für sie erledigten. Jeder von uns bekam also noch Kuchen und einen Schnaps, Strohmeyer selbst schenkte ein. Wir tranken zusammen auf das Wohl seiner Frau. Er schüttelte immer noch den Kopf über das, was ihm hier widerfahren war. Vielleicht sann er schon wieder über ein neues Buch nach, in dem die Queckenzüchter die Hauptpersonen sein würden. Wir halfen ihm, ständig Stoff zu sammeln. „Und jetzt ab in den Stall.“

Draußen nahmen wir leise unsere Instrumente auf und zogen vom Hof. Die Turmuhr der Sankt Stephanus Kirche schlug zwölf Uhr. Niemand war auf der Straße, als wir zum Mittelhof zottelten. Wieder auf dem Mittelhof angelangt, kam uns ein schauerlicher Gedanke: Wir spielen total Betrunkene! Einer nach dem anderen, Karl hatte saubere Arbeit getan, schlüpfte durchs Klofenster. Als der letzte im Waschraum war, spielten wir die total Betrunkenen. Einen Höllenlärm veranstalteten wir mit unseren Instrumenten im Haus, gar nicht bewußt, welch grausame Wirkung unsere Instrumente in geschlossenen Räumen hatten. Fürchterlich muß die Wirkung gewesen sein. Denn wir hatten noch nicht unsere Zimmer erreicht, da stand Lehrer Finger im Nachthemd auf der Treppe. „Wahnsinnig, Idioten!“ Auch er fand keine Worte, wiederholte, was ihm in den Sinn kam. Wir mimten die Volltrunkenen, wurden aber augenblicklich nüchtern, als Finger das Licht löschte und „Ruhe! Ruhe!“ schrie. In der Dunkelheit stoben wir auseinander, jeder fand sein Nest und verschwand, ohne sich auszuziehen, unter der Decke. Nach einer geraumen Zeit, Finger hatte nicht die Verfolgung aufgenommen, zogen wir uns aus, um unseren Sinnesrausch auszuschlafen.

Über den Betten meiner Eltern hing ein Bild: dort liegt auf dem Kanapee eine lieblich, weibliche Gestalt. Um sie herum spielen die Engel auf Harfen und Geigen Melodien, die ein Entzücken auf ihr Gesicht spiegeln. Im Hintergrund sind tanzende Paare auf einem rauschenden Ball zu erkennen. Mit Schalmeienklängen im Ohr verfiel ich in einen tiefen Schlaf.

Es werde Licht

Am Morgen, es war der 1. Advent und gleichzeitig der letzte Tag im November, durften wir ausschlafen. Draußen war es saukalt. Außerdem pfiff ein häßlicher Ostwind ums Haus. Abwechselend sorgten wir dafür, daß der Ofen im Wohnraum glühte. In unseren Schlafräumen gab es keine Öfen. So liefen wir nur schnell rein, um etwas zu holen, dann wieder hinter den Ofen im Wohnraum. Sachen flicken, Strümpfe stopfen, Lesen, Schreiben. Jeder hatte reichlich zu tun. Ich schrieb Briefe, die längst fällig waren. Nach Hause schrieb ich, daß wahrscheinlich noch in der nächsten Woche ein Paket mit schmutziger Wäsche kommen würde. Und wenn der Frost nicht zu stark würde, könnte ich auch noch ein paar Möhren oder Kartoffeln zwischen die Wäsche stecken. Es waren zwar noch ein paar Wochen bis Weihnachten, dennoch schrieb ich schon Weihnachtsbriefe an Onkel Fritz und auch nach Eggeberg. Hier meldete ich mich schon für ein oder zwei Tage im Frühjahr an.

Dann kam der schwerste Brief. Was schreibe ich an meine neue Bekannte von der Landfrauenschule, Maria? Zunächst, wie die Anrede? Meine liebe Maria, nein, das geht noch nicht. Also: „Liebe Maria!" Ich kaute an meinem Federhalter. Schon recht schwierig. Übers Wetter schreiben? Sie weiß selber, wie es ist. Da kam mir ein guter Gedanke. Auf dem Schulgut wurde fast täglich Mist gefahren. So schrieb ich ihr, wie mir im letzten Jahr in Liebenstein fast die Nase abgefroren war. Bei hohem Schnee und fast 20 °C minus war mit dem Schlitten Mist auf die Anhöhe gefahren worden. Ich selbst war draußen geblieben, um den Mist, solange er nicht schon wieder gefroren war, auseinanderzuzetteln. „Väterchen, deine Nase!" Aber ich war alleine. So blinzelte ich immer wieder, ein Auge zugedrückt, mal das rechte, mal das linke, zur Nasenspitze. Zu spät. Eine handvoll Schnee bewahrte mich vor noch Schlimmerem. Im Frühjahr darauf hatte die Nase daraufhin eine ganz lustige Farbe an der Spitze bekommen. Wenn es jetzt kalt war, juckte die Nase des öfteren. Eine schöne Geschichte, fand ich, die sogar wahr war. „Ich würde mich sehr über einen Brief von Ihnen freuen", endete mein Brief. Auf der Rückfahrt von Beinrode hatten Helmut und ich uns noch eingehend darüber unterhalten, ab wann es angebracht war, einem Mädchen das „Du" anzutragen. Einig waren wir nicht geworden. Doch sollte schon eine gewisse Zeit vergehen.

Auch die nächsten Tage blieben sehr kalt. Die letzten Winterfurchen wurden gepflügt. Täglich wurden die Zuckerrüben vom Feld auf den Hof gefahren. Wir mußten wieder die Zuckerrübenschläge nach liegengebliebenen Rüben nachlesen. Keine schöne Arbeit, da am Tage die Sonne den Boden leicht auftaute und es äußerst mühselig war, mit den immer schwerer werdenden Schuhen über das Feld zu laufen. Ich hatte mir eine Erkältung geholt und blieb einen Nachmittag im Haus. Doch am nächsten Tag war ich schon wieder auf den Beinen und ging mit nach Duderstadt, um Besorgungen zu machen. Aber wir hatten nichts gefunden und liefen mürrisch den weiten Weg wieder zurück.

Am 5. Dezember wurde der letzte Weizen bestellt. Es war eine gute Sorte, welche hohe Ertäge bringen sollte und reichlich Stroh dazu. Nach dem 2. Advent ließ die Kälte nach. Wir wurden zum Stoppelrüben-Rausmachen aufs Feld geschickt. Rausziehen und schön in Reihe legen. Eine miese Arbeit. Nach getaner Arbeit ist gut ruhn. Abends streckten wir unsere Glieder müde auf unserem Strohsack aus. Nur noch wenige Tage und wir hatten Weihnachtsferien. Doch vorher sollte noch eine Weihnachtsfeier stattfinden. So holten wir Tannengrün und fingen an, den Raum zu schmücken.

Betrachtungen der Wirtschaft nach betriebswirtschaftlichen Punkten. Strohmeyer hatte immer interessante Themen. Und war der Unterrichtsstoff ausgiebig behandelt worden, folgte eine Geschichte, die zum Thema paßte. Wie diese zum Thema passen sollte, war mir nicht klar. „Als junger Verwalter', fing Strohmeyer an zu erzählen, „sah ich beim Rübenladen den Arbeitern zu, wobei ich mich mit meinem Hinterteil auf meinen Spazierstock stützte. Dabei stopfte ich meine Pfeife und steckte sie an, denn damals war ich noch leidenschaftlicher Pfeifenraucher. Dem Inspektor, er kam hoch zu Roß, paßte dies wohl nicht, denn er rief: ‚Strohmeyer, Sie stehen hier, den Spazierstock im Hintern und die Pfeife im Mund. Und ..'. Weiter kam er nicht. Denn ich antwortete: ‚Ja, soll ich es denn umgekehrt machen?' Da hätten die Arbeiter laut gelacht, und der Inspektor wäre wütend davongeritten. Und wir hatten auch unseren Spaß.

An einem Nachmittag lasen wir hinter der Egge noch Mohrrüben nach. Das war eine Sauarbeit, aber sie brachte uns auch was Gutes. Wir holten uns soviel Möhren, wie wir im Paket, das für zu Hause bestimmt war, lassen konnten, putzten die Möhren grob ab und verstauten sie zwischen der schmutzigen Wäsche. Viele Schüler taten es gleich. Geschafft. Morgen sollten die Pakete zur Bahn gehen. Das hieß, wir holten uns den großen Tafelwagen, und hoch bepackt ging es zur Bahnstation.

Mit Kyrion's leichtem Kutschwagen konnte ich an einem anderen Nachmittag nach Duderstadt mitfahren. Er hatte einiges zu besorgen und nahm gerne einen von uns mit. Ich konnte einige Kerzen auftreiben und Kreide für unsere Lehrer. Drei Stück, mehr rückte der Ladeninhaber nicht raus. Ein Stück war für uns, zwei würde ich an Finger weitergeben. Wir wollten die Wandtafel ein wenig weihnachtlich machen. Und dazu brauchten wir die Kreide. Ungeduldig wartete ich an dem abgemachten Treffpunkt in Duderstadt auf Kyrion. Hatte er mich vergessen? Ich stand bereits im letzten Büchsenlicht, als ich den Wagen hörte. Auf meine Frage, ob er den Weg denn im Dunkeln finden würde, war Kyrions Antwort: „Ich nicht, aber Liesel." Sein Pferd Liesel kannte wirklich den Weg. Erstaunlich, denn der Himmel war wolkenverhangen, kaum konnte ich die Baumwipfel im Wald erkennen, und durch den Wald mußten wir. Kyrion ließ die Zügel ganz locker, verließ sich ganz auf Liesel. Doch dann passierte es. Genau da, wo wir auch zu Fuß immer den Waldweg verließen, um auf einer Lichtung die Richtung zu wechseln. Liesel hatte in ihrem übertriebenen Stalldrang die Wende zu scharf eingeschlagen, das rechte Vorderrad blieb in einer Wagenspur hängen. Kyrion, ein wenig füllig, ging im hohen Bogen über den Schmutzfang. Ich blieb oben, guckte aber sehr dumm. Liesel sicherlich auch, nur konnte ich es nicht sehen. Mein Herrenfahrer erhob sich, tastete im Dunkeln, ob alles in Ordnung war. Mit vereinten Kräften hoben wir den Kutschwagen ein wenig, Liesel zog an. Wir saßen auf, die Fahrt ging weiter. Eine extra Portion Hafer für Liesel war der Dank, daß sie nicht die Nerven verloren hatte. Es war mein 21. Geburtstag. So hatte ich noch ein richtiges Geburtstagserlebnis gehabt.

In der letzten Woche vor den Weihnachtsferien hatte ich Melkdienst. Dieses verdammte, frühe Aufstehen. Aber dann der warme Stall und die kuhwarme Milch. „Heinrich Heine, deutscher Dichter, geb. 1797", stand in meinem Kalender. Es war Sonnabend der 13. Dezember. Morgens Melkdienst, am Nachmittag durften wir die restlichen Vorbereitungen für das Weihnachtsfest treffen. Tannengrün hatten wir genug, nur keinen Christbaumschmuck. Ausgeschnittene Sterne ersetzten den Baumschmuck. Wir fanden es sehr passabel. Auf die Wandtafel wurde ein hochbeladener Schlitten gemalt. „Frohe Weihnacht." Rechts und links malte ich noch ein paar Tannen, das konnte ich ganz gut. Elmar, unser Amadeus, saß am Klavier und spielte ein Weihnachtslied nach dem anderen. Wir taten uns mit den Texten schwer. Rudi und ich wollten ein Gedicht aufsagen. So zogen wir uns in einen Schlafraum zurück. Rudi sollte zuerst sein Gedicht sagen, dann kam ich an die Reihe. Das Proben klappte. Unsere Zettel mit den Texten behielt ich aber in der Tasche. Der Kaffee am Nachmittag fiel aus. Kunigunde hatte uns ein fürstliches Mahl vorausgesagt, ohne Näheres zu verraten. Wir hatten es aber bereits spitz gekriegt. Kartoffelsalat hieß das Geheimnis. Unsere Stimmung war großartig, so blieb das übliche Gerangel auch nicht aus. Eine große Abendbrottafel sollte es werden, so rückten wir alle Tische zusammen. Als sich Peter auf einen Tisch setzte, sagte ich im Ton der Entrüstung ganz empört: „Auf den Tisch kommt der Kuchen, da hat der Po nichts zu suchen." Auf der Kopfseite sollten Strohmeyer, Finger, und Kunigunde sitzen. Für Ursula und Berta hielten wir am anderen Ende zwei Plätze frei. Die beiden Mädchen hatten heute besonders viel zu tun. Eine angebotene Hilfe von uns lehnte Kunigunde strikt ab.

Es war soweit. Schnell zogen wir eine ordentliche Jacke an, kämmten uns noch einmal die Haare und zogen dabei einen korrekten Scheitel. „Ist mein Scheitel gerade?" „Nein, noch immer nicht." In der Fensterscheibe konnten wir es nicht sehen, es war schon dunkel. Wer sich nicht auf den Kameraden verlassen wollte, nahm einen kleinen Handspiegel, sofern er einen hatte. „Kannst du den Spiegel einen Moment gerade halten? Danke." „Jetzt du."

Die Kerzen brannten, der Kartoffelsalat glitzerte im Kerzenlicht in den Schüsseln. Die obligatorischen Würstchen, die es bei uns zu Hause am Heiligabend zum Kartoffelsalat gab, fehlten natürlich. Fräulein Kunigks Kunst war fast grenzenlos, doch an Wienerwürstchen hatte sie sich noch nicht getraut. Ihre Leber- und Blutwurst waren exzellent, obgleich kein Schwein dabei Pate gestanden hatte. Allerdings schmeckte immer ein Gewürz besonders heraus, aber immer ein anderes. Für den Rest des Geschmacks war die Phantasie gefordert. Vielleicht wußten wir auch gar nicht mehr, wie richtige Leber- oder Blutwurst

Im Wald Brennholz schlagen

schmeckt. Reichlich Butterbrote lagen gehäuft auf Tellern bereit. Auch der berühmte Kochkäsebelag war auf einigen Broten zu erkennen. Teils machte sich der Kochkäse schon selbständig, da und dort hatte er sich schon innig mit der imitierten Leberwurst vereint. Die Tischrede von Strohmeyer durfte nicht zu lange dauern. Erwartungsvoll standen wir hinter unseren Stühlen. „Bitte setzen", sagte Strohmeyer erlösend, als alle versammelt waren. Fräulein Kunigk stimmte ein Weihnachtslied an, der Frischling, wie wir unseren zweiten Lehrer nannten, er war erst vor zwei Monaten zur Verstärkung gekommen, begleitete uns auf dem Klavier. Ich hielt mich ein wenig mit meiner Stimme auf Distanz, um die Sänger nicht aus der Melodie zu schmeißen. Strohmeyer sprach von dem sich dem Ende zu neigenden Jahr 1947. Bereits im März würden wir die Abschlußprüfungen machen. Ich war mit meinem Gedicht beschäftigt. Wie, verdammt, fing doch die zweite Zeile an? Zettel raus, oder nicht? Natürlich die.... . Beim Bauern, so hörte ich Strohmeyer sagen, würde die Arbeit nie aufhören, auch zwischen den Feiertagen hieß es Ordnung schaffen, die Wagen abschmieren, die Pferde bewegen, damit sie keine Kolik bekamen. Auch die Wirtschaftsbücher warteten darauf, wieder auf's Laufende gebracht zu werden. Rudi flüsterte: „Jetzt ist der Kochkäse auf der Blutwurst gelandet!“ und brachte mich damit völlig aus dem Konzept. Für uns aber, sagte Strohmeyer, –dies schien der Schluß zu sein –, für uns aber hieße es jetzt, die Nüstern zu blähen und den Spiegel zusammenzukneifen. Mein Vater pflegte es anders auszudrücken: „Die Larifari-Zeiten sind jetzt vorbei, nun heißt es, sich auf den Hosenboden zu setzen.“ Er war eben kein Jäger. Nur die Kerzen auf den Tischen brannten und gaben unserer Feier die wohlige Atmosphäre. Rudi stand auf und sagte seine Verse auf, schnell war er damit am Ende. Nur wenige Verszeilen waren es, und Rudi hatte schnell gesprochen. Nun war ich schon dran. Ich stand auf, erhob meine Stimme mächtig, wollte ich doch laut und deutlich sprechen. Ein Blick in die Runde der festlichen Tafel: „Es werde Licht.“ Deutlich sprach ich es aus. Wie aber, verdammt, fing die zweite Verszeile an? Kein Licht tat sich auf. Meine Sinne schwanden. Zu dumm, daß einem in so einem Moment nichts Besseres einfällt als: Sollte ich zum Schalter gehen und das Licht anknipsen? Die Wirkung wäre perfekt gewesen. Ich hob ein zweites Mal an: „Es werde Licht!“ Ich sagte es richtig trotzig in den Raum. Schnell zog ich den Zettel aus der Tasche, und Zeile für Zeile las ich das Gedicht ab. Beifall! Für mich? Oder weil Kunigunde sagte: „Nun lassen Sie es sich schmecken!“

Im heimischen Revier

Am nächsten Tag, es war der 3. Advent, brauchte ich morgens nicht zum Melkdienst. So konnte ich planen, was sinnvoll war, für die Heimreise mitzunehmen. Der Rucksack war fast fertig gepackt, nur für das große Persilpaket fehlte mir noch ein nahrhafter Inhalt. Für die Kaninchen zu Hause hatte ich mir schon öfter die Rocktaschen voll Gerstenkörner gepackt. Ein paar Hände voll Wicken konnte ich auch aufweisen. Was noch an Platz blieb, wollte ich mit Möhren und mit Erbsen, die wir beim Dreschen schon organisiert hatten, ausfüllen. Das waren meine Weihnachtsgeschenke. Ich wußte, sie waren wertvoller als irgend etwas anderes.

Im Krieg sorgte immer die Mutter meines Freundes Helmut dafür, daß ich ein schönes handgeschliffenes Weinglas aus ihrer Glasschleiferei für meine Mutter bekam. Meine Schwester sorgte dann dafür, daß eine Kiste Zigarren für unseren Vater und dazu das wichtigste Geschenk für ihn, der „Hinkende Bote", auf dem Gabentisch lagen. Eine festliche Stimmung lag im Weihnachtszimmer, wenn Vater nach der Bescherung eine Zigarre anzündete, sich in den Sessel zurücklehnte und im „Hinkenden Boten" blätterte. Das Umschlagblatt zeigte einen Mann im Soldatenrock, mir schien aus dem Krieg 1870/71, das eine Bein hatte einen Holzstumpf. So lief er über Land mit seiner großen Ledertasche, die er umgehängt hatte. „Nun greift tüchtig zu, die Plätzchen sind mir in diesem Jahr besonders gut gelungen." Mutter sammelte dann das Geschenkpapier ein, strich es glatt und ihre Augen zeigten einen ganz besonderen Glanz, alle Kerzen spiegelten sich darin wieder.

Am Montag hatte ich wieder Melkdienst. Das frühe Aufstehen und dann in der eiskalten Winterluft zum Stall laufen waren nicht schön. Nur der Trunk kuhwarmer Milch entschädigte. Im Unterricht versuchten wir die auch bei den Lehrern aufkommende Weihnachtsstimmung auszunutzen und sie um Geschichten aus ihrer Lehrzeit oder ihrer Zeit als junge Verwalter zu bitten. Daraufhin erzählte uns Finger von einem Heiligabend, den er als junger Verwalter erlebt hatte: Alle notwendigen Arbeiten, die auf einem Hof vor einem Fest getan werden mußten, waren erledigt. Sogar die Haferausgabe für die Pferdeknechte war schon für die Festtage vorgenommen, als kurz vor Feierabend die Jauchegrube überzulaufen begann. Es gab kein Pardon, der Jauchewagen wurde wieder aus der Remise geholt. Die Pferde, deren Hufe schon schwarz eingefärbt waren, wurden eingespannt. Mit vereinten Kräften wurde gepumpt. Drei Ladungen voll wurden auf eine nahegelegene Wiese gefahren. Bei dem eifrigen Pumpen war es nicht ausgeblieben, daß die Helfer etwas abbekamen. „Wir stanken wie die Pest", sagte Finger. Da kein Badetag war, hieß es, mit eiskaltem Wasser der Gerüche Herr zu werden. Bei der anschließenden Bescherung, hätte die Gutsherrin gemeint: „In diesem Jahr haben die Kerzen einen eigenartigen Geruch."

Unseren Schulleiter Strohmeyer brauchten wir zu einer Geschichte nicht erst überreden. Er sah einen Augenblick ganz versonnen durchs Fenster. Und sagte: „Ich habe den Winter in Finnisch Lappland genau vor Augen. Die unendliche Weite des Landes, die schweigende Winterlandschaft. Eine Ruhe und Gelassenheit umfängt einen in diesem Land, wie ich es nirgendwo sonst erlebt habe." Ein finnisches Sprichwort hieße: „Gott hat die Welt in sieben Tagen gemacht, aber von Eile hat er dabei nichts gesagt." „Ich war auf Bärenjagd in Finnland", so fing Strohmeyer an. Wir spitzten die Löffel, denn von einer Bärenjagd hatte Strohmeyer bisher noch nichts erzählt. „Mit einem finnischen Jäger, einigen Lappen und einem Forstwart saßen wir in einer Hütte im Hohen Norden. Draußen waren es fast 40 °C, aber in der Hütte wärmte uns ein großer Ofen. Das Holz knisterte im Ofen, und der Kaffeekessel brodelte, als wir am Abend, noch ein Pfeifchen rauchend, unser Lager für die Nacht herrichteten. Wie oft in so einer Abendstimmung wurden Geschichten erzählt. Der Jäger Pekonen, das war sein Name, erzählte, wie er einmal auf einem Bären gelegen hätte. Mit seinem Bruder hatte er ein Bärenlager aufgespürt. Als sie nah am Lager waren, sprang ein Bär heraus und bekam von seinem Bruder die Kugel. Danach rührte sich nichts mehr im Lager. Sie hatten keine Hunde mit, die das Lager aufsuchen konnten, um zu sehen, ob es leer sei. Sie häuteten den Bären ab, zerlegten das Wildbret und luden alles auf das Pulka. 'Ich wollte aber unbedingt gewiß sein', so hatte Pekonen, der Jäger, weiter erzählt, 'ob noch ein weiterer Bär im Lager sei.' So sei er ohne Gewehr unter dem großen Stein in das Bärenlager gekrochen. Es war dunkel, und er hatte kein Licht mit. So tastete er im Dunkeln die Höhle ab, wobei er sich darüber wunderte, wie gemütlich es der Bär hatte. Alles war mit zartem Moos ausgepolstert, an einer Stelle war sogar ein großer Haufen zu ertasten. Er kroch über den Haufen weg, um tiefer ins Lager zu kommen. Dabei spürte er, daß sich unter ihm etwas bewegte. Er griff nach seinem Messer, aber im gleichen Augenblick sauste der Mooshaufen unter ihm weg ins Freie. Von draußen hörte er einen Schuß. Doch er blieb noch eine Weile ganz starr im Lager. Erst beim Gedanken, daß vielleicht noch ein Bär im Lager sein könnte, sei er schnell nach draußen gelaufen. Dort lag der Bär verendet im Schnee. „Ja, Bären sind unberechenbar", beendete Pekonen seine Erlebnisgeschichte.

Am anderen Morgen waren wir schon früh zur Bärenjagd aufgebrochen. Ein Bärenlager wurde schnell gefunden, dank der Hunde, die wir diesmal dabei hatten. Die Rentiere wurden im Wald festgemacht. Der Jäger und ich hatten die Waffen fertiggemacht. Unter einem riesigen Felsstein war ein Bärenlager. Unbedingt wollte ich aber auch Aufnahmen vom Bären machen. So hatte ich mir einen guten Stand ausgesucht und, noch damit beschäftigt meine Kamera fertig zu machen, sah ich den Jäger, der das Lager ausgemacht hatte, einen gewaltigen Satz auf den Felsen zu machen. „Ich knipste und knipste und konnte so erst, als der Bär schon zwischen den Kiefern war, meinen Schuß abgeben. Der Bär rutschte den Hang hinunter, gefolgt von einem Jäger", sagte Strohmeyer. Von unten sei dann der Ruf ertönt: "Bär tot" „Mein erster Bär!"

Strohmeyer machte eine Pause, um die Wirkung auf uns abzuwarten. Als sich die Spannung bei uns löste, fragte Rudi: „Waren denn jetzt auch noch mehrere Bären in dem Lager?" „Ja, natürlich. Wir schickten die Hunde ins Bärenlager. Ein wildes Gekläff hob an. Ein Hund wurde von einem Prankenschlag im hohen Bogen in den Schnee geworfen. Dann kam der Bär, dann noch einer und noch einer. Drei Bären. Schüsse fielen. Ein mittelgroßer Bär, von einem Hund bedrängt, kam direkt auf mich zu. Ich konnte die Kugel nicht loswerden, weil ich den Hund sonst dabei erschossen hätte. Nur wenige Schritte vor mir ließ der Hund von dem Bären ab. Ich ließ die Kugel fliegen. Der Bär zeichnete stark und brach mit einem „Öeel" zusammen. Gegenseitig reichten wir uns den Bruch. Vier Bären lagen auf der Strecke." Die Glocke schlug, der Unterricht war für heute zu Ende. Hatte uns Strohmeyer einen Bären aufgebunden?

Am Mittwoch war es soweit, nach dem Mittagessen ging es mit dem Pferdewagen bis Worbis. Streckenweise liefen wir neben dem Wagen her, da es zu kalt war, auf dem Wagen zu sitzen. Leider konnten drei Schüler nicht nach Hause fahren. Die Fahrt war entweder zu weit, oder die Eltern wohnten zu beengt, daß nicht alle Geschwister zu Weihnachten zu Hause sein konnten. Kunigunde blieb auch im Haus und versprach, gut für die Zurückgebliebenen zu sorgen. Am späten Nachmittag bekam ich einen Zug Richtung Erfurt. Er quälte sich mächtig bis

Wolkramshausen. Hier legte die Lokomotive eine längere Pause ein. Ein Maschinenschaden sei es. Eine Ersatzlokomotive war nicht aufzutreiben, hieß es. Es dunkelte schon, als der Zug später Sondershausen in Richtung Erfurt verließ. Zur späten Abendstunde war ich in Erfurt. Meine Ahnung, die ich unterwegs hatte, bestätigte sich: kein Zug fuhr mehr in meine Richtung, geschweige denn bis Gräfenroda. Der Warteraum war voll und mit stickiger Luft gefüllt. Immer mehr Leute drängten nach. Ich hatte mächtigen Durst, aber es gab nichts, weil eben nichts da war. Einmal im Warteraum drin, wollte ich nicht wieder auf den Bahnsteig, um am Wasserhahn meinen Durst zu löschen. Ich verzichtete deshalb auch darauf, mein noch in der Tasche steckendes Butterbrot zu verzehren. Etwas abseits von der Tür, dort zog es widerlich, ließ ich mich auf den Boden nieder. Meinen Rucksack als Stütze, das Paket zwischen den Beinen, döste ich vor mich hin. Dann und wann bekam ich einen Stoß, wenn der Nachbar seine Lage wechselte, um die eingeschlafenen Glieder wieder gangbar zu machen. „Schotten dicht", riefen gleich mehrere, wenn ein Neuankömmling die Tür zu lange in der Hand hielt, um sich an das Dämmerlicht zu gewöhnen. Ich mußte wohl doch ein paarmal in einen Tiefschlaf gefallen sein. Der Warteraum hatte sich schon etwas geleert. Es war fünf Uhr morgens, als Bewegung in den Saal kam. Endlich wurde auch mein Zug aufgerufen. Der Bahnhofsvorsteher rief es laut in den Warteraum. Draußen roch es nach Schnee. Da kam der Zug und ich konnte sogar einen Sitzplatz ergattern. Als wir Arnstadt erreichten, fielen die ersten Schneeflocken. Die Fensterscheiben waren so dreckig, daß ich kaum etwas sehen konnte. Von Arnstadt nach Gräfenroda kannte ich jeden Baum, so viele Jahre war ich als Fahrschüler die Strecke gefahren. Um neun Uhr war ich in Gräfenroda. Das schwere Paket gab ich am Bahnhof auf. Das konnte ich mit dem Bollerwagen holen, oder, wenn es weiter so schneite, mit dem Schlitten. „Wie siehst du denn aus?" rief meine Mutter. Ich vermied es, daraufhin in den Spiegel zu sehen.

Am nächsten Morgen, ich durfte ausschlafen, lag reichlich Schnee. So schnallte ich am Nachmittag meine Schneeschuhe an und stieg über die Riedsbrücke zum Totenkopf. Es machte aber keinen richtigen Spaß, denn meine Kameraden waren alle nicht zu Hause. Außerdem mußte alles einen Sinn haben, nur zum Vergnügen unterwegs zu sein, dafür war die Zeit nicht angetan. Deshalb hatte ich auch einen Rucksack mit, irgend etwas gab es immer zu organisieren.

Oben am Waldrand machte ich eine Pause und sah mir Gräfenroda von oben an. Schöne Jugendjahre hatte ich hier verbracht. Bilder der Erinnerung tauchten auf und verschwanden wieder. Es wurde mir kalt. Ein Schauer lief mir über den Rücken. Ich war ganz in der Nähe der Bärenhöhle. Für uns Jungs war es immer wieder eine Mutprobe gewesen, mit einer Kerze oder Taschenlampe bewaffnet und mit einem Stock in die Höhle zu kriechen. Einen Bären haben wir nicht angetroffen, aber eine aufgescheuchte Maus konnte uns den gleichen Schrecken einjagen, den Stromeyer bei seiner Bärenjagd erlebt hatte.

Unbewußt lief ich in Richtung Liebenstein. Der Schnee lag fest auf der Straße, kein Pferdefuhrwerk noch Auto hinderte meinen Lauf. Die Straße runter und ich war bei meinem Lehrbetrieb, der Gutswirtschaft Ehrhardt. Da nur Hofarbeiten gemacht wurden, war Zeit zu einem kleinen Plausch. Hermann, der Jungbauer, kam mit in die Stube. Frau Ehrhardt hatte Kaffee gekocht und Lisa, das hübsche Küchenmädchen, brachte dazu trockenen Kuchen. Es war der übliche Platenkuchen mit irgendeiner Geschmacksrichtung, und eben sehr trocken, den es immer nachmittags gab. Diesmal schmeckte er nach Hirschhornkuchen. Ich erzählte, was ich alles auf der Ackerbauschule lernen mußte, und Hermann erzählte, daß es immer schlimmer würde mit den Abgaben. Ständig seien Kontrollen. Und wie groß die Gefahr war, von den Russen verschleppt zu werden. Alles keine guten Nachrichten. „Du hast doch einen Rucksack dabei?" fragte Frau Ehrhardt. Ein herzliches Dankeschön. „Und komm wieder vorbei." Die Schneeschuhe anschnallen, den Rucksack auf den Rücken. Oh, da war allerhand Schweres drin. „Frohe Weihnachten!" Ein langgezogenes „Ja" war die Antwort. Hermann ging über den Hof in den Pferdestall. Noch drei Tage waren es bis Weihnachten. Die Straße geht bis zum Bahnhof von Gräfenroda bergauf, mir wurde warm. Beim ersten Haus von Gräfenroda hielt ich kurz. Verschnaufpause? Nein, vielleicht kommt Roselotte zufällig aus dem Haus. Zufällig anklopfen traute ich mich nicht. Der Inhalt vom Rucksack wurde zu Hause als Himmelsgabe aufgenommen: es waren ein paar Pfund Kartoffeln, eine Steckrübe und ein Streifen Speck, daumendick und gut verpackt in Zeitungspapier.

Am nächsten Morgen hatte der Wind gedreht und kam jetzt aus der „Alte Lache", und das hieß Tauwetter. Ich steckte unseren Weihnachtsbraten in einen Sack, schnürte den Sack gut zu und ging zu Fritz, dem Fleischergesellen. Vater konnte es nicht und ich auch nicht. Aber zugucken konnte ich schon. Fritz nahm das Kaninchen an den Hinterbeinen aus dem Sack. „Ist gut im Futter", war sein Urteil. Der kurze Knüppel traf genau den Hinterkopf, ein scharfes Messer tat das übrige. Nachdem Fritz dem Kaninchen das Fell über die Ohren gezogen hatte, packten wir es in Zeitungspapier. „Neue Zeit", so hieß die Zeitung jetzt. Ich philosophierte: „Einem ziehen sie immer das Fell über die Ohren". Fritz nickte. „Hab noch zu tun. Laßt ihn euch schmecken", sagte er. Das konnte ich ihm versprechen.

Am Nachmittag hackte ich Holz und stapelte es sorgfältig auf. Gleich nach den Feiertagen wollte ich mit den Eltern noch in den Wald, um einen Baum zu fällen. Meine jungen Kräfte waren zu Hause gefragt. Die Holzabfuhr war bestellt und die Kreissäge sollte im Januar kommen. Hier gab es keinen Mangel an Heizmaterial, nur gesunde Arme waren dafür nötig. Wie oft hatte ich Frauen mit der Kiepe in den Wald gehen sehen, um Trockenes zu holen. Sie hatten eine Hippe mit und holten trockene Äste, die sie gleich im Wald auf die passende Länge schlugen. Was unter dem Bündel Holz in der Kiepe war, das blieb oft ein Geheimnis. Mal waren es ein paar Kartoffeln, mal eine Futterrübe. Oft auch nur Tannenzapfen, die sich zum Anbrennen des Herdfeuers gut eigneten.

Der Schnee war wieder weg. So konnte ich gut in den Wald. Ich ließ den Totenkopf links liegen und ging zum Kammerberg, dort gab es genug Tannen, die sich als Weinachtsbaum eigneten. Dort traf ich noch zwei aus dem Ort. Ihre Bäume hatten sie erst versteckt, als sie mich aber erkannten, war es ihnen wohler zumute. Sie sagten mir noch eine gute Stelle und: „Die Luft ist rein." Schnell war ein passender Baum gefunden. Gut zusammengeschnürt buckelte ich ihn auf und zog wieder nach Hause.

Abends im Gasthaus traf ich einige „Arnstädter", wie wir Fahrschüler oft genannt wurden. Viel mußte erzählt werden. Viel, weil wir viel erlebt hatten in den letzten Jahren. Mit siebzehn Jahren von zu Hause weg, mit neunzehn Jahren zurückgekehrt. Und was lag alles dazwischen! Einige waren nicht zurückgekommen. Zwei, drei, wurden noch erwartet, sie waren noch in Kriegsgefangenschaft. Aber was war aus den Mädchen geworden! Die kleine, etwas pummelige Inge hatte sich gewaltig gestreckt und war eine echte Dame geworden. Sie gefiel mir. Die große blonde Roselotte ließ mich aber auch nicht aus den Augen. Immer wurde ich knallrot, wenn sie mich ansprach.

Heiligabend wurde der Baum gemeinsam geschmückt und es wurden restliche Besorgungen gemacht. Und der Badeofen wurde geheizt. Schon morgens schleppte ich Holz ins Badezimmer. Mit Holz ging es schneller, aber es mußte auch ständig nachgelegt werden. Ein wahrer Festtag: baden! „Junge, bleib nicht so lange im Wasser", rief die Mutter. „Wir wollen auch noch baden." Aber welch ein herrliches Gefühl, einmal wieder im warmen Wasser zu liegen.

Abends gab es Kartoffelsalat und ein Spiegelei. Köstlich, auch wenn die sonst traditionsgemäßen Frankfurter Würstchen fehlten. Kleine bescheidene Geschenke wurden ausgetauscht.

Ein paar Tabaksblätter, ein Weinglas, unter dem Ladentisch hervorgeholt, und für mich die dringend notwendigen Fausthandschuhe aus selbst gegerbten Kaninchenfellen. Und ein paar gestrickte Socken aus vielen aufgeribbelten alten Socken. Es war ein besinnliches Weihnachtsfest 1947. Unsere Familie hatte den Krieg überlebt, aber zur Fröhlichkeit reichte es noch nicht. Frieden und die Hoffnung, vielleicht doch wieder eine lebenswerte Zukunft zu bekommen. Ich war zuversichtlich. Keine weiße Weihnacht. So las ich in einem Karl May Buch und schrieb in mein Tagebuch, was ich alles erlebt hatte.

Am folgenden Abend traf ich mich mit Schulkameraden im „Deutschen Hof". Am zweiten Weihnachtstag war ein unglaubliches Sauwetter; die wilde Gera, unser kleiner Gebirgsbach, stieg mächtig an und stieg da und dort über die Ufer und überschwemmte die Wiesen im Tal. Trotz des Regens ging ich abends mit Roselotte in den Felsenkeller zum Tanzen. Anschließend brachte ich sie nach Hause, so mußte ich den Weg zweimal laufen. Kavalier vom Scheitel bis zur Sohle. Als Dank gab sie mir schon hundert Meter vor ihrem Elternhaus die Hand. Weder ich noch sie konnten die Röte im Gesicht des anderen ausmachen, aber erahnen. Es war stockdunkel und der Regen prasselte in Strömen.

Ausschlafen gab es nun nicht mehr. Holz mußte im Schuppen mit der Hand gesägt werden. Die Karnickelställe warteten darauf, ausgemistet zu werden. Es regnete weiter, die Wiesen waren überschwemmt. Jetzt müßte starker Frost kommen, und wir könnten wieder auf der Straße und auf den Wiesen Schlittschuhlaufen. In kalten Wintern konnte ich durchs ganze Dorf mit den Schlittschuhen laufen. Die Pferdeschlitten hatten die Straße so fest und glatt gefahren, daß sie wie eine Eisbahn war.

Am Montag, den 29. Dezember, hörte es auf zu regnen. Der Schnee war vollständig weggetaut, so konnte ich mit einer Axt bewaffnet noch in den Wald gehen. Eine trockene Fichte schlug ich um. Die Äste ließ ich liegen. Dann nahm ich das dicke Ende auf die Schulter und lief dann bergab nach Hause.

Silvester ging ich wieder zum Tanzen in den „Deutschen Hof". Es war sehr voll. Um 23 Uhr war plötzlich schon das Ende. Lag wieder etwas in der Luft? Kamen die Russen, um Razzia zu machen? In wenigen Minuten war der Saal leer. Sicher ist sicher. Auf kleinen Umwegen ging ich schnell nach Hause. Diesmal hatte es einen Nachbarort getroffen. Von den Mitgenommenen kamen selten wieder welche nach Hause zurück. Bei flotter Radiomusik tanzten wir in der Wohnung ins neue Jahr. Kehrte die Fröhlichkeit zurück? Januar muß vor Kälte knacken, wenn die Ernte gut soll sacken. Es schneite ein wenig, aber schon am nächsten Tag war alles wieder weg.

Die Zeit zu Hause war vorbei, die Sachen wurden gepackt. Nur mit dem Rucksack auf dem Rücken stampfte ich um vier Uhr morgens nach Frankenhain. Ich erreichte gerade noch pünktlich den Zug, der sich auch wirklich um fünf Uhr in Bewegung setzte. Bereits um dreizehn Uhr war ich in Leinefelde. Keine Möglichkeit, weiter zu kommen. Lehrer Finger stand plötzlich vor mir: „Was warten wir noch?" sagte er. Wir warfen unsere Rucksäcke auf den Rücken und marschierten los. Nach vier Stunden strammen Marsches hatten wir die achtzehn Kilometer bis Berlingerode geschafft. Beim Erzählen war die Zeit schnell vergangen. Fast alle Schüler waren schon wieder eingetroffen. So beschlossen wir, sogleich am Abend noch nach Teistungen zum Tanzen zu gehen. Gesagt, getan. Um Mitternacht schmiss ich mich, nun doch müde, auf meinen Strohsack.

Kluten - Klopper

Immer, wenn Lehrer Finger über die Quecken sprach, bekam er einen ganz roten Kopf und rote Ohren. Heute schimpfte Finger über das Queckenvermehrungsgerät. Er meinte damit die Scheibenegge. „Die Quecke", so sagte er, „ist anspruchslos und in allen Kulturen zu finden. Dies habt ihr ja bei euren Hackarbeiten zur Genüge festgestellt. Bei der Gemeinen Quecke handelt es sich um ein ausdauerndes Gras, das sich überwiegend über Ausläufer, auch Rhizome genannt, verbreitet. Selbst die Samen können bis zu zehn Jahre im Boden keimfähig bleiben." Finger fuhr fort, wobei er seine Stimme um zwei Oktaven höher ansetzte: „Die Scheibenegge zerhackt die Rhizome, so daß es bei ausreichender Bodenfeuchtigkeit zur starken Queckenvermehrung führt. Merkt es euch: kein Queckenvermehrungsgerät einsetzen!" Nein, wir wollten die Quecken nicht vermehren, sie hatten uns die ganzen Monate begleitet und geärgert. Immer hatten wir ihnen die Köpfe abgehackt, aber es dauerte nicht lange, da waren sie wieder da. Wir waren „Queckenvernichter", aber nicht „Queckenzüchter".

Doch dieses Schimpfwort wurden wir nicht mehr los. Und nun bahnte sich ein weiteres Schimpfwort an, so vermuteten wir. Zehn waren wir. Die Größten und Kräftigsten waren ausgesucht worden. So richtig wußten wir noch nicht, was uns erwartete. Vom Wallhof wurden uns schwere Karsthacken und Hauberghacken gebracht. Damit ausgerüstet zogen wir zum Saukopf. Furchterregend sahen wir aus, doch keiner begegnete uns, dem wir Furcht einjagen konnten. Beim Aufräumen auf Kyrions Scheunenboden hatte ich alte Zeitungen und Heimatblätter gefunden. Säuberlich auf gleiche Größe geschnitten, hatte ich immer eine gute Lektüre auf dem Ort, wo selbst der Kaiser zu Fuß hingeht. So hatte ich vom „Teistunger Gemeindebier" gelesen. Alle drei Jahre fand es am zweiten oder dritten Pfingsttage statt. Ich erzählte davon, als wir auf dem Weg zum Saukopf waren. „Die Teistunger müssen tüchtig getrunken haben", sagte ich. Und erzählte weiter, was ich gelesen hatte. „Bei den Festen gab es keinen Standesunterschied. Hoch und

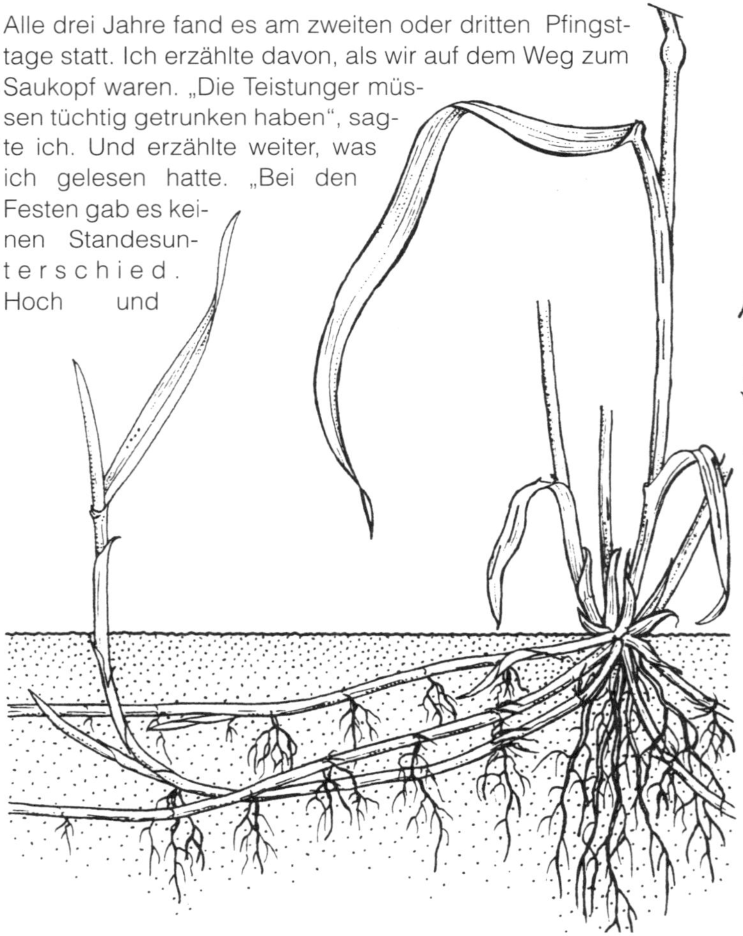

Niedrig, Vornehm und Gering saßen beieinander und tranken aus demselben Krug. Wer Zank oder Streit anfing, hatte als Strafe eine Tonne Bier zu zahlen." „Das müßte es heute noch geben", sagte Ralf. „Wißt ihr noch, wie wir in Teistungen zum Tanzen waren, und der Kerl mit einem Gesicht wie ein Pott voll Mäuse zu stänkern anfing?" „Natürlich, wir waren ja dabei", sagten wir anderen. „Auch von „Worbiser Krengel", habe ich was gelesen, aber ich weiß nicht was das ist", erzählte ich weiter, „ich habe keine Fortsetzung, Mist." Ich holte eine Seite von der Zeitung aus meiner Hosentasche. Diese Seite hatte ich aufgehoben, weil ein paar Verse vom Duderstädter Schützenhof abgedruckt waren, die mir gut gefielen. Da wir keine Eile hatten, zum Saukopf zu kommen, las ich die Verse im Gehen vor:

„Das Duderstädter Schützenfest.
Kein Anreischken im Stiche läßt,
Dann bauet jeder sich ein Zelt,
Und zecht, so lang' es ihm gefällt.
Man löschet nicht allein den Durst,
Auch sorgt man für gebrat'ne Wurst,
Die Vogelstange, ohne Spaß,
Ist für die Wurst das rechte Maß.
Schweinsbraten gibt es viel für's Geld;
Die Mistehucken auf dem Feld,
Die nimmt man wohl als Maßstab an,
Zur Portion für einen Mann.
Die sauren Kläbchen sind dort fein,
Und laden zum Genusse ein;
Und auch die Garwurst, wie's sich ziemt,
Ist schon seit Jahren weltberühmt."

„Das müssen herrliche Zeiten gewesen sein", war einstimmig unsere Meinung.

Am Saukopf angekommen sahen wir, was passiert war. Ein typischer Fünf-Minuten-Boden. Im nassen Zustand gepflügt, danach von der Sonne zu Lehmziegel getrocknet. Nun lagen die Schollen wie Beton da und glänzten in der Sonne wie Speckseiten. Keine Egge könnte hier die Schollen ebnen, wie ein Spielball würde die Egge über die Schollen tanzen. Weil die Wut uns augenblicklich packte, hauten wir wie wild auf die harten Schollen ein. „Was hat doch Strohmeyer einmal gesagt", fragte mich Helmut, „als er eine furchtbare Wut hatte?" „Moment, ich komme gleich drauf, habe es sogar in meinen Kalender geschrieben: ‚Mir steht der Schaum vor Wut vor der Schnauze, ich könnte mich selbst ins Geäse pfunden, daß mir die Grandeln rudelweise in voller Flucht rausfliegen würden.' Ich glaube, so hat er gesagt." „Soweit ist es bei mir noch nicht", sagte Helmut. Quer zu den Furchen hauten wir auf die hohen Dämme ein. Die Erdbrocken flogen. Viel Kraft brauchten wir, um die schweren Hacken zu schwingen. Was die Hacke nicht schaffte, wurde mit dem Stiefelabsatz zermürbt. „Kluten-Klopper!" sagte ich. „Das sind wir jetzt." Wir waren allein auf dem Feld. Auch auf den anderen Feldern war niemand zu sehen. „Im Dorf darf unser Tun niemand erfahren", sagten wir. „Es reicht, wenn wir gebranntmarkt als ‚Queckenzüchter' in die Welt ziehen."

Als wir meinten, es wäre genug getan und wir unser Werk vom Feldrand aus betrachteten, zog ich wieder ein Blatt aus meiner Hosentasche. Und zitierte:

„Bist du gewandert durch die Welt,
Auf jedem Weg und Pfade,
Schlugst auf in Nord und Süd dein Zelt,
An Alp und Meergestade;
Hast du mein Eichsfeld nicht gesehn,
Mit seinen burggekrönten Höhn,
Und kreuzfidelen Gassen,
Dein Rühmen magst du lassen!"

„Willst du uns vergackeiern? Wir klopfen in deinem schönen Eichsfeld Kluten", sagte Ralf, „und du liest uns Schöngeistiges vor."

Am Abend, von den anderen Schülern erwartet, mußten wir unsere Tätigkeit zum besten geben. Meine Verse las ich nicht noch einmal vor, ich hätte bestimmt Keile bekommen. Ein dicker Haferbrei am Abend, von Kunigunde gut gewürzt, verhalf uns, unseren inneren Frieden wieder herzustellen. Als wir danach noch in großer Runde zusammensaßen, sagte Helmut: „Was wir heute gemacht haben, Klutenklopfen, das muß in die Bierzeitung." „Da muß noch viel mehr rein", riefen einige zugleich. „Oh ja, alle Streiche müssen aufgeschrieben werden." Und schon wurden die ersten Geschichten erzählt. „Halt!" rief ich, „ich schreibe mir gleich einige Stichwörter auf, sonst vergessen wir die Geschichten wieder." „Niemals!" riefen alle. „Ist aber besser, wenn du mitschreibst." Paul erzählte die Geschichte vom Grünfuttersilo: „Wir waren fünf Schüler und ein paar Frauen vom Dorf und mußten die Rübenblätter im Silo ebnen und festtrampeln." Vor lauter Lachen über sein Erlebnis bekam er die Worte nicht hintereinander. „Reiß dich zusammen, sonst sitzen wir noch um Mitternacht hier", nörgelten wir. Also fing Paul wieder an: 'Wir hatten gute Laune, die Sonne schien und so trampelten wir, immer in der Runde maschierend, und sangen dabei alle Lieder, die uns gerade einfielen. Warum die Weiber zu lachen anfingen, weiß ich auch nicht. Auf jeden Fall, erst war es die kleine Dicke, die sich krümmte, ihren Bauch hielt, der gewaltig mitwabbelte, und rief: „Ich mache in die Hose, ich kann nicht mehr." Immer wieder. Und bei Weibern ist so etwas ja ansteckend. Fast im Chor riefen bald alle Frauen: „Hört auf, hört auf, wir machen sonst in die Hose." Das spornte uns natürlich noch mehr an. „Und... haben sie?" fragten wir. „Keine Ahnung! Es war ganz schön suppig im Silo. Und dann kamen noch 200 Liter Buttermilch oben drauf."

Es wurden noch mehr Geschichten erzählt, denn jeder wollte dazu beitragen. „Jetzt reicht es, ich habe alles festgehalten", sagte ich. „Ich brauche einen Schluck Wasser, meine Kehle ist ganz trocken vom Lachen", meinte Ralf. Sprach's und ging in den Keller. „Es reicht auch für heute", sagte Helmut. „Jetzt wollen wir mal schön heia machen." Kein Widerspruch erfolgte, die Runde löste sich auf. „Das müssen wir öfter machen!" rief ich hinter ihm her. Schon auf dem Bett sitzend, las ich noch einen Vers von meinen gesammelten Werken: Unser Hans hat Hosen an. Und die sind blau, Hei, wie der Wind weht, Hei, wie der Hahn kräht, Unser Hans hat Hosen an, Und die sind blau. Den Vers bekommt keiner zu hören oder zu sehen. Gleich morgen früh wird er den ihm zugedachten Zweck erfüllen.

Faschingsball

Die Kuh ist die billigste Zugkraft, aber langsam und zum schweren Zug nicht geeignet. Da größere Ruhepausen nötig sind bei der Kuhanspannung, wird die Arbeitskraft nicht voll ausgenutzt. Der Milchertrag geht bei der Arbeitsleistung zurück. Als Thema hatte sich Strohmeyer heute ausgesucht: „Pferd, Ochse oder Schaffkuh." So erzählte er weiter: „Am gebräuchlichsten, aber auch am teuersten, ist das Pferd. Es ist für leichte und schwere Arbeit zu verwenden. Schnelligkeit und Gewandheit zeichnen es aus." Dann kam Strohmeyer auf das Warmblut und das Kaltblutpferd zu sprechen. Wir wußten, daß unser Schulleiter das Warmblutpferd liebte. In der Koppel am Mittelhof gab es zwanzig Warmblutpferde, alles Rappen. Strohmeyer wollte damit eine Zucht aufbauen. Er schwärmte oft davon.

Auf dem Rittergut Angelroda und auch auf dem Gutsbetrieb in Liebenstein hatten wir nur Warmblutpferde. Sie waren temperamentvoller, schneller und für leichte Arbeiten besser. Kaltblutpferde kannte ich früher immer nur als Brauereipferde. Toll aufgezäumt, mit viel Messingbeschlägen und im besten Futter, zogen sie den schweren Wagen mit der großen Ladung von Bierfässern durch Arnstadt. Ein großes Schild mit der Aufschrift „Brauerei Mergell" prangte über dem Wagen. Wo der Bierkutscher die Pferde halten ließ, blieben sie stehen. Er konnte seine Fässer in aller Ruhe auf- und abladen. Und sein Bier zum Frühstück brauchte er auch nicht in Hetze trinken. Die braven Pferde warteten geduldig auf ihren Herrn und Gebieter. In Gräfenroda gab es viele Kaltblutpferde. Sie wurden vor den Langholzwagen gespannt und halfen im Wald beim Holzrücken. Da waren sie den Warmblutpferden weit überlegen. An jedem Wagen hing eine Futterkiste. Wenn die Fuhrwerke in den Wald fuhren, blieben sie über Mittag draußen, und in der Mittagspause wurde die Futterkiste vorne an die Deichsel gehängt. Die Deichsel wurde auf eine Stütze gestellt, damit nicht die ganze Last der Futterkiste den Pferden am Kumstgeschirr hing. So konnten die Pferde in Ruhe ihr Futter fressen. Ein Eimer gehörte auch zur Ausrüstung. Der Knecht holte dann an einer Wasserstelle Wasser, um die Pferde zu tränken. Oft hatten die Knechte auch eine Kanne Wasser unter dem Wagen hängen. Ich hatte bei den Pferden auch schon einmal so eine Art Futtersack gesehen. Der Vorteil lag wohl darin, daß die Pferde das Futter nicht wegschnauben konnten. Nur zu gerne taten sie es. Alles gut durchmischen, Häcksel und Hafer, vielleicht oben eine kleine Handvoll Hafer drauf. So hatte ich es gelernt. Futter, was feucht geworden war vom Schnaufen, fressen die Pferde nicht mehr. Pferde sind sehr schnückisch, wie die Ziegen. Nur meckern sie nicht so.

Erst am Ende der Unterichtsstunde ließ Strohmeyer die Katze aus dem Sack: „Freitag, den 6. Februar, kommen die Maiden der Landfrauenschule nach Berlingerode. Als Programm ist vorgesehen: Besichtigung der beiden Höfe, und," er machte eine Pause, „und ihr sollt einen Faschingsball organisieren. Für ein gemeinsames Abendessen sorgt Fräulein Kunigk." Das war eine freudige Mitteilung. Wir trommelten vor Freude auf die Tische, so daß Stromeyer uns zur Ordnung rufen mußte. Es war die letzte Stunde. Alle waren in Hochstimmung, Finger hätte uns nicht mehr bändigen können. „Phänomenal", sagte Kurt zum x-ten Male, er hatte Spaß an seinem gefundenen Wort und wiederholte es in verschiedensten Sprachformen. „Das sind ja nur noch knapp zwei Wochen", stellten wir fest. „Also müssen wir uns mächtig ins Geschirr werfen."

Nachmittags war ich wieder mit noch drei Schülern dabei, Ackergeräte sauberzumachen. Keine schöne Arbeit, aber wir, allein im Schuppen, wurden nicht kontrolliert und hatten jetzt viel zu bereden. „Fasching heißt: in Kostümen gehen. Woher so schnell nehmen?" „Der Raum muß ausgeschmückt werden. Woher das Material bekommen?" „Wer sorgt für flotte Musik?" Zwischendurch klopften wir kraftvoll auf unsere Maschinen, falls uns vielleicht doch einer beobachten sollte. Viel Dreck saß an den Maschinen, die Walzen sahen besonders mies aus. Kein Schmutz durfte mehr daran kleben, dann Einölen und dann exakt in den Maschinenschuppen stellen. Vorher natürlich den Schuppen sauber fegen. „Für Kunigunde müssen wir auch Lebensmittel organisieren." „Wer besorgt Getränke für eine Bowle?" Unsere Köpfe rauchten.

Nach dem Abendessen saßen wir alle zusammen und schmiedeten einen Plan. Die einzelnen Aufgaben wurden von Helmut, unserem Ältesten, verteilt. Murren gab es nicht. Befehl ist Befehl, Schnaps ist Schnaps. Wer besorgt das, wer besorgt dies? Jeder wußte etwas. Einigkeit war schnell wieder hergestellt, wenn wir „Alten" unsere Autorität walten ließen. Sehr spät ging es ins Bett.

Am nächsten Tag schrieb ich einen Brief an Maria. Ich wollte wissen, ob sie bei den Auserwählten war, denn es könnten nur genau soviele, wie wir waren, also zwanzig Mädchen, kommen. Den Brief klebte ich besonders sorgfältig zu. Ich war nicht sicher, ob in der Landfrauenschule in Beinrode die Briefe kontrolliert würden. Maria hatte im letzten Brief dies angedeutet. In diesem Brief hatte ich es gewagt, „Dein Hans" zu schreiben. Richtig rote Ohren bekam ich beim Schreiben. Helmut hatte es bemerkt und stichelte. Ob ich den Rotlauf hätte. „Das ist eine anzeigungspflichtige Krankheit", sagte er und grinste wie ein Honigkuchenpferd. „Freßunlust spüre ich noch nicht, und das ist, neben roten Flecken, das sicherste Zeichen", konterte ich. Also war es noch nicht so schlimm um mich bestellt.

Am nächsten Tag waren wir, Gerd, Helmut und ich, in Hundeshagen. Dort, so war im ganzen Land bekannt, gab es die besten Musiker. Das ganze Dorf scheint zu musizieren. Oft haben wir sie beim Tanz erlebt. Sie zogen über Land und spielten bei allen Festen auf. Wir fanden schnell einen Schlagzeugspieler, und dieser kannte einen Schifferklavierspieler. Der Trompeter sagte auch zu. Durch Handschlag wurde das Geschäft besiegelt. Froh, das Wichtigste nun geschafft zu haben, schnürten wir wie Füchse nach Hause. Die Abkürzung nehmend, waren wir in einer Stunde wieder auf dem Hof. Richtige Luftsprünge vollzogen wir unterwegs. Alle Schlagerlieder, die wir kannten, sangen wir dazu.

Große Ereignisse werfen ihre Schatten voraus. Fast alle schrieben Briefe nach Hause, um irgendwelche Sachen noch rechtzeitig zum Fest zu bekommen. Sahen wir zwar meist aus wie die Wilddiebe oder wie Landstreicher, so hatten wir doch keine Faschingssachen zur Hand. Matrosen, Förster, Studenten und Clowns wollten wir sein. Lehrer Finger hatte kein Verständnis für unser Treiben. „Benehmt euch nicht so albern." Und um uns die größten Albernheiten auszutreiben, mußten wir eine Arbeit über den Humushaushalt im Boden schreiben. Viele Unterrichtsstunden hatte Finger damit verbracht, uns die Wichtigkeit der Einbringung von Humus in den Boden nahezubringen. Damit die Quecken noch besser gedeihen! Dies sagten wir aber nicht laut. Wir konnten unterscheiden, daß es Humuszehrer gibt, aber auch Humusmehrer. Fräulein Kunigunde gab uns selbst erfreut bekannt, daß Strohmeyer aus seinem Weinbestand ein paar Flaschen spendieren wollte, so war die Bowle gerettet. Für einen guten Geschmack würde Kunigunde sorgen. Darauf war Verlaß.

Schon am Montag waren wir zum Hof saubermachen abkommandiert. Obwohl ein naßkaltes Wetter war, zeigten wir einen Eifer, der selbst dem Verwalter, genannt Spazierstock, auffiel, als er bei uns am Hof vorbeikam. Kein noch so kleiner Strohhalm sollte den Hof verunzieren. Beim Besuch auf der Landfrauenschule hatten wir auch die Hoffläche bewundert. Die Mädchen von Beinrode hatten sogar ein Muster mit dem Besen eingefegt. Wir wollten den Maiden nicht nachstehen. Abends wurde weiter Konfetti mit dem Locher hergestellt. Paul hatte sich von zu Hause noch einen zusätzlichen Locher mitgebracht, so konnten im Wechsel immer zwei von uns lochen. Immer, wenn die Post kam und auch Pakete dabei waren, gab es große Aufregung. So nach und nach hatten wir unsere Kostüme vollständig. Untereinander wurde getauscht, keiner sollte abseits stehen. In meinem Paket waren vom Vater die Studentenmütze, das Couleurband und ein Vatermörderkragen. Zur großen Freude lagen noch ein paar Bogen rosa Durchschlagpapier dabei. Jetzt konnten wir auch buntes Konfetti machen. Unsere Papierschlangen machten wir aus Zeitungspapier, das wir in schmale Steifen schnitten, so daß ein Band entstand, und das war fast zehn Meter lang. „Nicht alle Zeitungen zerschneiden, es muß noch reichlich Klopapier geschnitten werden, für unsere Damen", sagte ich. Die Lampe im Raum bekam eine ganz besondere Zierde. Früher machten die Mädchen aus Papier durch Falten und Ausschneiden die schönsten Decken für die Puppenstube. Gerd beherrschte diese Kunst. Es wurde eine Augenweide. Selbst Kunigunde stand einen Augenblick ganz versonnen unter der Lampe, Kindheitserinnerungen wurden in ihr wachgerufen.

Am Tage vor dem Fest mußten wir noch alle aufs Feld, Stoppelrüben rausreißen. Nachts war es meist bitterkalt, am Tage aber schien die Sonne und machte die Erde schmierig. Eine Sauarbeit bei dem Wetter. Doch diesmal maulten wir gar nicht, hatten rote Löffel vom scharfen Ostwind und heiße Köpfe vom vielen Bücken.

Der große Tag kam. Morgens hatten wir nur zwei Stunden Unterricht beim Frischling. Thema: Die wichtigsten Krankheiten beim Jungvieh. Am Schluß sprach er über die Gewährmängel und Gewährfristen. Bei „Rotz, Kehlkopfpfeifen und Wassersucht" gab es ein Grunzen in den Reihen. Der Frischling hatte Not, die letzte Stunde durchzustehen. Nach dem Essen gab es ein großes Gedränge: jeder wollte zuerst unter die Dusche. Aus Erfahrung wußten wir, daß das warme Wasser bald verbraucht war. Ohnehin ein Wunder, daß die Dusche heute intakt sein sollte. Schon vier Wochen lang hatten wir nicht duschen können. Nur immer mit kaltem Wasser hatten wir uns gewaschen. Gelobt sei was hart macht. Helmut griff ein, und so kam jeder in den Genuß: je zwei Jungens fünf Minuten lang, dann wurde gewechselt, auch wenn der Schaum noch hinter den Ohren saß. Alle waren wir blank geschrubbt, die nassen Haare immer wieder gescheitelt. „Was gibst du dir soviel Mühe mit deiner Schmalzlocke", hänselte ich Ralf. „Du willst doch einen Jägerhut tragen, so kommt die Locke gar nicht zur Geltung." Doch er widersprach: „Mit dem Hut in der Hand, kommst du durchs ganze Land." Unseren jüngsten Milchbärten liehen wir die letzte scharfe Rasierklinge. „Fühl mal!" Ich sagte: „Prima, glatt wie ein Kinderpopo." Unsere Abendbrotschnitten lagen bereit, Kochkäse zum x-ten Male, so hatten wir keinen Zeitverlust. Und die Küche konnte schnell wieder abräumen und alles weitere vorbereiten. Kunigunde hatte uns versprochen, einen leckeren Kartoffelsalat zu machen, reichlich für die Maiden und für uns. „Als Beilage", verriet sie uns, „gibt es Klopse." Würstchen aufzutreiben, wäre ihr nicht gelungen. Schade! Alle hüpften in ihren Kostümen herum, und wir hatten soviel zu lachen und bekamen rote Köpfe. Die Kapelle kam und probte die ersten Melodien.

Um siebzehn Uhr war es soweit, ein Knattern draußen, der Lastwagen war angekommen. Die Maiden aus Beinrode wurden von Fräulein Kunigk begrüßt. Sie wurden gleich einen Stock höher geführt, damit sie sich noch ein wenig frisch machen konnten.

Dann war es soweit. Sie kamen die Treppe herunter, die Kapelle spielte, und wir standen wie die Salzsäulen da und rissen die Mäuler auf. Ein bunter Haufen von zwanzig Mädchen quoll in den Raum. Nur gut, daß Strohmeyer ein paar Worte an die Direktorin und an die Maiden sagte. So hatten wir Gelegenheit, unsere Äser wieder zuzuklappen, was auch fast gleichzeitig mit dem Tusch geschah. Auch die Direktorin begrüßte uns alle. Sie war bekannt für ihre Strenge und ihre Unnachgiebigkeit, die sie die ihr anvertrauten Maiden oft spüren ließ. „Rein bleiben und reif werden ist die schönste und schwerste Lebenskunst", zitierte sie Walter Flex. „Viel Spaß", sagte sie am Ende ihrer Begrüßung, und der Zeigefinger ging in Hab-Acht-Stellung, „ich möchte keine Beschwerden hören." Lehrer Finger, Kunigunde und auch der Frischling nickten beifällig.

Wir bildeten einen Kreis, Maria hatte ich bereits entdeckt, und sie senkte, als sich unsere Blicke trafen, ganz leicht ihren Kopf. Gekonnt hatte sie sich als Mamsell verkleidet und sah reizend aus. Die Kapelle spielte einen Walzer, jeder machte vor seiner Dame einen tiefen Diener. Rechts herum, links herum. Herrlich. Mein selbstgebasteltes Monokel hatte Schwierigkeiten, dort haften zu bleiben, wo es hingehörte. Ich versuchte, so oft wie möglich mit Maria zu tanzen. Beschwingt drehten wir uns zu den flotten Melodien. Walzer war schon immer mein Lieblingstanz. So drehte ich mich mit Maria im Walzertakt, sie schloß eine Zeitlang ihre Augen und ließ sich wiegen. Ich fühlte mich im Rausch der Glückseligkeit. Die Kapelle machte Pause. Fräulein Kunigk hatte bereits in unserem Eßraum alles vorbereiten lassen. Schüsseln voller Kartoffelsalat und die Klopse warteten auf uns. Schnell griffen die Maiden mit zu und bedienten uns. Sie hielten sich beim Essen zurück, um uns den Löwenanteil zukommen zu lassen. Es war aber reichlich vorhanden. Weiter ging es mit einer „Insel aus Träumen geboren" und ein „Kleines Mädchen von Hawaii". Dies paßte gut zu einem Mädchen, das sich Papierblumen ins Haar gesteckt hatte und recht possierlich aussah. Die Bowle, kredenzt von Kunigunde, schmeckte gut; es sollte nach ihren Angaben eine Erdbeerbowle sein. So tranken wir die Bowle eben so. Sie löschte den Durst. Um nicht unverschämt zu sein, verschwand der eine oder der andere von uns im Waschraum, um einen tüchtigen Schluck Wasser aus dem Hahn zu trinken. Gänsewein. „Davon geht die Welt nicht unter", und alle sangen tüchtig mit. Den Text kannten alle noch aus den letzten Kriegsjahren. In einer weiteren Pause kam ein Mädchen mit einem Koffer in den Raum und stellte sich in die Mitte. Wir bildeten einen Kreis, um zu sehen, was sich die Mädchen ausgedacht hatten. Als Ruhe eingetreten war, sagte sie: „Ein Gedicht. Der Koffer". Oh weh, sie hatte den Text vergessen. Sie hob wieder an: „Der Koffer". Sie blieb wieder hängen. Wir erröteten mit, auch bei den anderen Mädchen machte sich Beklommenheit breit. Das Mädchen gab nicht auf. Mit energischer Stimme fing sie wieder an: „Der Koffer". Ich dachte an das Licht, was bei mir nicht angehen wollte. Warum nimmt sie denn nicht ihren Zettel, oder hat sie ihn etwa gar nicht dabei? Toll, sie gab nicht auf. „Ein Gedicht. Der Koffer." Sie schien gefaßt, nochmal: „Der Koffer", dann kam der erlösende Satz, „rausgetragen von Eva." Vor Erlösung, eine Blamage nicht miterlebt zu haben, gab es tosenden Beifall. Das war gekonnt. Von Zeit zu Zeit sahen im Wechsel Strohmeyer und die Direktorin zur Tür rein. Dies konnte den baldigen Schluß bedeuten. Lehrer Finger tanzte munter mit seiner Frau. Ihr Kommentar: „Was geht's uns gut." Unser Frischling war ganz Kavalier, blieb ein Mädchen beim Tanz sitzen, weil einer von uns Flüssigkeit tanken war, so sprang er ein. Dies fanden wir großartig. Bei der Damenwahl paßten alle auf, ob sich wohl ein Paar gefunden hatte. Maria kam auf mich zu, machte einen tiefen Knicks, der eine Aufforderung, aber auch einen Teil ihrer Rolle als Mamsell bedeuten sollte. Einen ganz roten Kopf hatte sie dabei bekommen. Und ich konnte auch nicht verhindern, daß mir der Kamm rot wurde. Mitternacht war schon vorbei, als die Direktorin zum Aufbruch rief. „Keine Widerworte, meine Damen und Herren." „Und wieder geht ein schöner Tag zu Ende", spielte die Kapelle. Wir bildeten einen Kreis, gaben uns die Hand und sangen inbrünstig mit. Draußen stand das altersschwache Gefährt. Auf der Pritsche lagen vorsorglich Strohbunde. Die Plane wurde nochmals überprüft. Ein Händedruck, da und dort ein scheuer Blick. Aufgesessen. Es war eine klare Vollmondnacht, frisch, aber kein Frost. Die hintere Plane sollte aufbleiben, baten die Mädchen, sie wollten uns noch zuwinken. Der Wagen rumpelte vom Hof, wir winkten, es wurde zurückgewunken. Auch die Kapelle hatte ihren Handwagen gepackt und machte sich auf den Weg zurück nach Hundeshagen. Nach einem kalten Wasserstrahl über Gesicht und Nacken, der uns in die Wirklichkeit zurückholen sollte, es aber nicht vermochte, warfen wir uns auf unsere Strohsäcke.

Nur wenige Tage nach dem rauschenden Fest erhielten wir einen an uns alle gerichteten Brief. Die Kofferträgerin, die uns solch einen Schrecken eingeflößt hatte, hatte den Faschingsball in Versform festgehalten. Ich schrieb die Reime ab, damit mir das Fest in der Erinnerung nicht verlorenginge.

Hier sind sie: Beinrode, 12. Februar, 1948, Faschingsball.

Wie berauscht mich dieses Wort,
klingt diese Erinnerung so süß und lieblich in mir fort.
Da kam von Berlingerode her,
ein keuchendes Etwas,
es war ja gar kein rechtes Auto mehr.
Die Damen von Beinrode warteten schon eine Stunde darauf.
Na endlich. Gegen vier Uhr stieg man auf.
In Teistungen stand die Polizei,
wollte sehen, was für Schieberware es sei.
Wir lachten froh und waren ganz vergnügt,
als es in Berlingerode absteigen hieß.
Die Schuhe putzten wir auf grünen Zweigen,
drauf tat uns Fräulein Kunigk die Garderobe zeigen.
Die Hütchen braun und grün, verrieten gleich den Sinn,
schmeichelnde Musik lud uns so herzlich ein.
Heute, ja heute soll Fasching sein.

Ein Herr auf einem Tische stand,
schüttelte immer wieder seine Hand.
Begrüßt die Mädel und die Buben,
wie zu Großväters Zeiten, als sie Made in Germany schufen.
Das Thema war bald dies, bald das,
lachen Sie nicht meine Damen,
ich vertrage keinen Spaß.
Zum Schluß kam er wohl viele mal,
der Schweiß ihm rann, es war 'ne Qual.
Da tönten Melodien so zart und fein,
die Herren luden die Damen zum Tanzen ein.
Die Matrosen mit ihrer alten Tante,
Großagrarier und lustiges Volk vom Lande.
Der „Freie Bauer" hatte eine schwache Seite für die Frau,
den Clown nicht zu vergessen,
er war immer aufgelegt zu Späßen.
Am schönsten war's beim Walzertakt,
wenn der Bursch das Mädel packt,
wenn sie sich selbstvergessend umeinanderdrehen,
dann ist das Leben doppelt schön.
Bei dem Tango, Fox und Schritt,
suchte mancher im Theaterraum sein Glück.
Der Magen sollte sich auch laben,
prima Kartoffelsalat war kostenlos zu haben.
Zu vorgeschrittener Zeit
waren die lustigen Leute zum Zuhören bereit.
Die Millionenbraut war für eine sensationelle Geschicht,
merkt ihr Prahler, tut so etwas nicht.
Der kleine Mann wollt Antwort stehn,
lustig war es anzusehen.
Doch das Schönste wiederum,
war die Musik, mit ihrem bumm, bumm.
Bei dem edlen Wettstreit
verging leider zu schnell die Zeit.

Faschingsball

Berlinerpfannkuchen, sie mundeten uns gut,
doch der Gedanke an das Auto versetzte uns leider in Wut.
Möge das Monstrum zum Teufel sich schern.
Einmal ist der schönste Traum vorbei,
vor der Tür stand schon der Kasten mit furchtbarem Geschrei.
Ein kurzer Abschied, schon saß man unterm Verdeck.
Einige Kilometer, da war der Motor weg,
um unsere Kräfte zu erproben,
haben wir alle das Auto geschoben.
Da dachten wir, jetzt ist's soweit,
doch oh weh, der Motor verstummte für alle Zeit.
So bleib nur stehen, und zier den Straßenrand,
auf zwanzig Kilometer kommt es uns wirklich nicht an.
Durch die Dunkelheit ging es Schritt für Schritt,
nur der Gedanke an Beinrode riß uns mit.
Endlich sahen wir einen Lichterschein,
wie schön, das müßte Worbis sein.
Durch Breitenbach und Leinefelde sind wir gekommen,
dann hat uns der Wind in seine Arme genommen.
Schlaftrunken stieß er uns, hin und her,
glaubt ihr wir schaffen es nicht mehr?
Die Uhr zeigt uns den Morgen an,
sechs Uhr, wer da noch schlafen kann.
Wir waren die Glücklichen.
Bis uns Mittags der Sonnenschein geweckt,
lagen wir träumend im weichen Federbett,
nun bleibt in uns die Erinnerung wach,
an diesen dennoch schönen Faschingstag."

Kesseltreiben – Halali und Tränen

Wir nannten es Kesseltreiben, was mit uns geschah, und so war es auch. Trieben uns heute die Lehrer in die eine Richtung, so hörten wir gerade aus der anderen Richtung das laute Hoh, Hoh und das bis auf die Nerven gehende Schlagen mit Stöcken auf alles, was Lärm macht, wie bei einer Treibjagd. Meist waren wir es selbst, die uns in eine andere Richtung trieben. Die Abschlußprüfungen standen an. Unsere Lehrer quälten uns mit Wiederholungen des Unterrichtsstoffes und wir waren der festen Auffassung, noch nie etwas davon gehört zu haben. Mit diesen Gefühlen im Nacken fühlten wir uns im Kessel hin- und hergetrieben. „Nur der Schwache sieht Mauern", sagte Strohmeyer. Wir paukten bis in die späte Nacht und wurden immer mißtrauischer vom Windfang bis zum Wedel. Zweifelten an unserem Wissen und nervten uns gegenseitig. Am meisten hatte es unsereren „Kleinsten" gepackt. Er wollte aufgeben. Weder der von Kunigunde für die schwere Zeit, die wir durchzumachen hätten, besonders dicke Haferbrei, noch unser gutes Zureden halfen. Er wollte nicht mehr und fing an, die Koffer zu packen. Das konnten wir nicht zulassen. Aufgeben? Nein! Wir zitierten Strohmeyer: „Du sollst in der sinkenden Sonne schon den steigenden Tag sehen." Seine Antwort: „Wenn ich keine Sonne sehe, kann ich auch den steigenden Tag nicht sehen." Die erste Arbeit war geschrieben, alle waren zufrieden, auch Lehrer Finger, der uns das Thema gestellt hatte. In Worbis sollte vor einer großen Kommission die praktische Prüfung sein. Diese machte uns nicht soviel Kummer, fühlten wir uns doch sehr der Praxis verbunden. Tröstende Briefe bekamen wir von Zuhause und einige auch von den Mädchen aus Beinrode: „Durchhalten!" Nur unser Kleinster wollte nicht mehr. Zureden, mit ihm üben, alles half nicht mehr. Wir sannen, welche

Nach der Prüfung

Möglichkeit noch helfen könnte, denn unser Ziel war: Alle müssen die Abschlußprüfung bestehen. Ich weiß nicht mehr, wer die zündende Idee hatte, aber einstimmig wußten wir, nur das hilft noch. Strohmeyer hatte uns vor langer Zeit einmal von einem alten Jagdbrauch erzählt: „Pfunde geben." Ob der Jagdbrauch bei ihm angewendet worden war, hatte Strohmeyer uns nicht verraten, aber erfolgreich sei er gewesen. Uns war der Brauch auch gut in Erinnerung geblieben. Wie immer hatte ich mir davon Notizen gemacht. Ich sagte es den anderen. „Dann such!" ermunterten sie mich. Wir stritten noch eine Weile, ob dieser Brauch unserem Kleinsten helfen würde, da wir aber keinen besseren Rat wußten, blieb es dabei. Meine Notizen hatte ich gefunden: Ein Jagdbrauch, der eine Bestrafung für den Jäger bedeutet, der gegen die jagdlichen Sitten verstoßen hat. Der Betreffende muß sich über sein erlegtes Stück Wild legen und erhält mit der flachen Klinge des Hirschfängers drei Schläge vor die Kehrseite. „Wann machen wir es?" fragte ich in die Runde. „Gleich morgen abend, denn in der nächsten Woche schreiben wir die letzten Arbeiten." „Eigentlich hat der Kleinste ja noch gar nicht gegen etwas verstoßen", sagte Ernst. „Aber er will! Und wir wollen vorbeugen", erwiderte Helmut.

Strohmeyer machte uns Mut, erzählte von seinen vielen Schwierigkeiten, die er schon hatte meistern müssen. Er sei ein „Einspänner." Da ich mit meinen Gedanken genau in dem Moment beim Pfunden war, weiß ich den Zusammenhang nicht mehr. Als er von großen Kiepen erzählte, die er in Thüringen gesehen und schätzen gelernt hatte, war ich wieder bei der Sache. Alle hatten eine Kiepe bei uns in Gräfenroda. Große oder kleine, für jeden passend. Äußerst praktisch und gut zu tragen in den Bergen, außerdem blieben die Hände frei. Strohmeyer sagte: „Es hat schon mancher bei der Kiepe angefangen und hat es doch zu Pferd und Wagen gebracht. Also Jungs, jetzt heißt es, die Nüstern blähen und den Spiegel zusammenkneifen, ihr schafft es schon." Es war seine letzte Schulstunde, wir klatschten Beifall.

Alle haben die Prüfung bestanden

Läßt der März sich trocken an, bringt er Brot für jedermann. Wir hatten herrliches trockenes und sonniges Wetter, so nutzten wir den ersten Sonntag im März zu einem ausgiebigen Spaziergang durch die Felder. Stellten hier und da fachmännisch fest, wie gut die Saat stand und liefen anschließend noch durchs Dorf. Grüßten freundlich rechts und links und nahmen eigentlich schon Abschied von Berlingerode. Gleich nach dem Abendbrot holten wir uns unseren Kleinsten, der widerstandslos alles mit sich geschehen ließ. Wir redeten noch einmal auf ihn ein, daß es für uns ganz wichtig sei, daß alle den Abschluß schafften. Unsere Methode würde ihm helfen, den Weg der Tugend zu gehen, denn niemand würde an seinem Können zweifeln. „Queckenzüchter halten zusammen." Im Schulraum hatten wir, abweichend vom wirklichen Brauch, eine Anzahl von Lehrbüchern auf dem Boden aufgestapelt. Kräftige Arme legten unseren Kleinsten bäuchlings über den Stapel. „Es ist ein alter

Brauch", so erklärte ich, „daß dem, der gegen die Queckenzüchter-Sitten verstößt, die Pfunde gegeben werden. Schreitet zur Tat." Ein Diercke Schulatlas schien uns das richtige Mittel zu sein. Beim ersten Schlag sagten wir gemeinsam: „Hoh! Hoh! Das ist für unsereren Fürsten und Herrn." Beim zweiten Schlag, Ralf durfte ihn ausführen, riefen wir: „Hoh! Hoh! Hoh! Das ist für Ritter, Reiter und Knecht." Beim dritten Schlag, den hatte sich Helmut vorbehalten, sprachen wir: „Hoh! Hoh! Das ist das edle Queckenzüchterrecht." Schon vor Ausübung des Brauches hatten wir unserem Kleinsten erklärt, daß er sich bei uns bedanken müßte. Er tat es mit roten Ohren und einer Träne, die er sich nicht verkneifen konnte.

Als wir uns zum Abschiedsfoto vor dem Gutshaus versammelten, bekam er noch manchen Knuff von uns, den er aber freudig zurückgab. Alle hatten bestanden, unser Kleinster besonders gut. Alte Bräuche haben eben allzeit ihre Berechtigung. Ausgelassen feierten wir unser „Halali", wir hatten unser Fell aus dem Kesseltreiben gerettet. Am nächsten Tag wurden die Sachen gepackt. „Ist der Koffer zu, so hat die Seele Ruh." Ein Traktor mit Anhänger brachte uns zum Bahnhof nach Worbis. Einige Maiden aus Beinrode standen schon vor dem Bahnhof, um Abschied zu nehmen. Viele Hände schüttelten wir, klopften uns auf die Schulter. „Mach's gut". „Mach's besser." Ein paar Tränen rollten bei den Mädchen. „Schreibst du mir auch wirklich?" „Ja."

Nasse Füße, aber dem siebten Himmel so nah

Ich war mürrisch, weil ich noch keine Nachricht aus Stuttgart wegen einer Arbeitserlaubnis erhalten hatte. Mein Vater war der Meinung, da würde nur Holz hacken helfen. Viele zähe Wurzelstücke lagen im Schuppen, die würden ausreichen. Ohne Widerworte gehorchte ich, sie hätten ohnehin nichts genützt. Der Holzklotz wie die Äxte mußten so lange aushalten, bis das Ungenießbare in mir den Weg in Form von Schweißtropfen nach außen gefunden hatten. Holzklotz und Axt hatten den Reinigungsprozeß überstanden, die Wurzeln nicht.

Der Dorfschneider hatte ein Wunder vollbracht. Aus einer Decke schneiderte er eine tolle, winddichte Jacke. Eine Flasche Schnaps als Lohn forderte er. Geld sei ihm schnuppe. Er bekam sie. Stolz probierte ich die neue Jacke am nächsten Tag aus. „Mußt du nun gleich damit in den Regen gehn", wetterte meine Mutter. „So etwas muß ich doch ausprobieren", war meine Antwort. Kopfschütteln die Antwort meiner Mutter. Eigentlich fehlte nur der Satz: „Ja, die Jugend von heute."

„Raus aus den Federn, ein Telegramm ist da." Sie gab es mir ungeöffnet, so schien es mir wenigstens. Bewegte sich nicht vom Fleck. „Und?" „Ich darf kommen." Und ich veranstaltete unseren berühmten Eiertanz. Meine Mutter versuchte ich dabei einzubeziehen. „Nun reicht's, mir ist schon ganz plümerant im Kopf." Sofort setzte ich mich hin, an Maria ein Telegramm zu schicken, um den Tag festzulegen. Der Treffpunkt war schon bestimmt. Viele Sachen wollte ich nicht mitnehmen, denn die Grenzkontrollen hatten in der letzten Zeit sehr zugenommen. So war leichtes Gepäck gefragt. Auch durften keine verdächtigen Sachen dabei sein. Bereits nach drei Tagen kam von Maria das Eiltelegramm: „Ankunft Montag fünfzehn Uhr Leinefelde."

Immer wieder wachte ich nachts auf, stets in der Angst, zu verschlafen. Die erforderlichen Butterbrote waren schon abends fertig verpackt. „Das Butterbrotpapier bring aber wieder mit", sagte Mutter. „Nirgends ist nämlich etwas aufzutreiben." Teils sitzend, teils stehend hatte ich die Zugfahrt überstanden und war pünktlich am Treffpunkt in Leinefelde. Der Abschied zu Hause war kurz: „Paß auf dich auf, und komm sofort wieder, wenn nicht alles in Ordnung ist." Maria stand schon mit ihrem Rucksack abmarschbereit am Bahnhof. Sie hatte hohe Stiefel an und trug einen dunkelblauen Mantel. Ich hatte nur meine Joppe angezogen, da ich viel Bewegungsfreiheit haben wollte. Obgleich es ein wenig diesiges Wetter war, war es doch noch zu hell, um schon jetzt den Weg über die Grenze zu wagen. Wir hatten Glück und konnten auf einem Trecker bis Worbis mitfahren. Dann ging es zu Fuß weiter. In Berlingerode gingen wir an der Kirche vorbei zum Wallhof. Nur den Melkermeister traf ich an. „Die anderen sind alle draußen beim Miststreuen", sagte er. „Wir sind mit der Frühjahrsbestellung schon im Rückstand", kommentierte er, was er gesagt hatte. „Die letzten Kartoffeln müssen auch noch aus der Miete. Ihr fehlt uns. Die neuen Schüler sind noch nicht da." Damit verabschiedete er sich. „Muß noch melken." Hinten im Hof hörte ich die Kreissäge quietschen. Holz war also auch schon wieder alle. Hofarbeiten. Strohmeyer war nicht im Haus. Schade. Gerne hätte ich ihm erzählt, daß ich eine Stelle in der amerikanisch besetzten Zone in Aussicht hätte. Noch zum Mittelhof zu gehen, hielt ich nicht für ratsam. Zuviel Zeit würde der Besuch kosten. So ging ich zu Kyrion. Er kannte sich am besten aus und wußte genau, wo die Polizeistreifen gingen und wann. „Ist gut heute", sagte er. „Trotzdem, Vorsicht heißt die Mutter der Porzellankiste."

„Die Dämmerung ist ausreichend", so meinte ich, „gehen wir." „Wir müssen ganz still sein", sie wußte es. Nur zu gut kannte sie meine Erlebnisse bei meinen vielen Grenzgängen. In gewissen Abständen blieb ich stehen, horchte und nahm Witterung auf, wie ein alter Fuchs. Seit vier Tagen hatten wir zunehmenden Mond. Heute abend zeigte sich der Mond nur ganz kurz, sofort schoben sich wieder Wolken davor. Es war naßkalt. Ich blieb immer öfter stehen, um den Weg vor Bleckenrode nicht zu verpassen. Er führte zum Mäuseberg und danach erreicht man den schützenden Wald. Als ich wieder stehen blieb, hörte ich Stimmen. Ich stieß Maria an, sie nickte als Bestätigung. Also hatte auch sie etwas gehört. Also war doch eine Polizeistreife in diesem Abschnitt unterwegs. Bisher waren wir nebeneinander hergelaufen. Jetzt nahm ich Marias Hand. Gebückt, auch sie bückte sich, ohne daß ich es ihr zugeflüstert hatte. Wenige Meter weiter entdeckte ich einen Graben. Leise, ohne einen Laut drückten wir uns in den Graben. Ich horchte. Die Streife, es waren wie üblich zwei, unterhielt sich weiter. Ein gutes Zeichen, sie hatten also nichts bemerkt. Aus den Lauten, die wir gerade noch so vernehmen konnten, stellte ich fest, daß sie nicht auf uns zu kamen. Also entfernte sich die Streife von uns weg. Ein Posten rauchte eine Zigarette. Wenn sie stehenblieben, sah ich das Glimmen der Zigarette. Ich kramte in meinem Gedächtnis: Wie weit konnte man eine glimmende Zigarette noch ausmachen? Waren es zweihundert Meter, oder nur hundert Meter? Alles gewußt. Maria verhielt sich vorbildlich neben mir im Graben. Wie lange wir so lagen, weiß ich nicht mehr. Nur daß ich immer mehr das Gefühl nicht los wurde, daß in meine Stiefel das Wasser eindrang. Völlig unbemerkt waren wir aus Vorsicht immer tiefer in den Graben gerutscht. Und da stand ein wenig Wasser drin. Die Gefahr war gebannt. Kein Laut vernahm ich mehr. Wir gingen weiter, die Sinne noch in höchster Spannung. Kurz danach fand ich den Weg, der im rechten Winkel von der Straße zum Wald führte. Hatte ich Maria meine Hand gereicht, damit sie leichter aus dem Graben kam, so gingen wir später wieder nebeneinander her. Natürlich versuchte ich, nur so schnell zu laufen, wie Maria mitkam. Im Wald sprach ich noch nicht mit ihr, aus Vorsicht. Erst als ich die Lichter von Immingerode erkannte, löste sich die Spannung und wir plauderten gutgelaunt. „Was habe ich Angst gehabt", sagte Maria. „Alleine wäre ich den Weg nie gegangen, auch wenn ich den Weg gekannt hätte." Ich war den Weg schon so oft gegangen. Angst hatte ich nicht. Aber diesmal spürte ich doch eine gewaltige Verantwortung, und die hätte ich ungern aufs Spiel gesetzt. Wie gerne wäre ich mit Maria bei schönem Vorfrühlingswetter durch einen Wald gegangen. Wir würden den Vögeln lauschen, ich würde ihr die Blumen in einer Lichtung zeigen. Und auf einem Baumstamm sitzend würde ich ihre Hand halten. Wenig sagen, denn Worte können nicht das sagen, was Herzen in solchen Momenten ausdrücken möchten. „Junge, du träumst schon wieder", pflegte Mutter zu sagen, und sie hatte Recht.

Es setzte wieder ein leichter Nieselregen ein, als wir jetzt flotten Marsches nach Duderstadt marschierten. Uns war bekannt, daß kein Zug mehr fuhr, der uns unseren Zielen näher gebracht hätte. In Duderstadt gingen wir erst in ein Gasthaus, um uns ein wenig zu trocknen. Aber der Gastraum war so kalt, daß wir, nachdem wir eine Limonade getrunken hatten, uns wieder verzogen. Vorher gingen wir aber noch zur Toilette. Denn im Bahnhof kannte ich kaum benutzbare Toiletten. Dann schlenderten wir zum Bahnhof. Der Warteraum war nicht übervoll, so wählten wir zwischen zwei Stühlen oder einer Bank die Bank aus. „So kann sich wenigstens einer von uns beiden ausstrecken", meinte ich. Sie nickte. Sichtlich müde von der Reise und den Strapazen, setzten wir uns auf die Bank. Beide aßen wir noch von unseren mitgenommenen Broten. Unbedingt mußte ich noch eine Schnitte von ihr essen. Ihr Weg morgen sei kürzer als meiner, war ihre Begründung. Als wir beide so erschöpft dasaßen, merkten wir zugleich: „Ihh gitt, ich habe ganz nasse

Strümpfe." Sie zog ihre Stiefel aus, ich tat augenblicklich das gleiche. Der Luft im Warteraum schadete es nicht weiter. Die Luft war wie in allen Warteräumen stickig und angefüllt mit unzähligen Gerüchen. Immer erst nach einer geraumen Zeit spürte man es nicht mehr. Wie beim Jauchefahren: erst rümpft man die Nase, sitzt man anschließend auf dem Jauchefaß, unter sich die glucksende Fracht und fährt langsam zum Feld, riecht es je nach der Jahreszeit nach Korn, Blumen oder Schnee. Die Wärme und Geborgenheit mit Menschen zusammen zu sein, überwog in den meist restlos überfüllten Warteräumen. Die Stiefel klemmten wir doch sicherheitshalber zwischen unsere Füße. Dann waren wir im Begriff, aufrecht sitzend einzuschlafen. Meinen Vorschlag nahm Maria dankend an. Ich rutschte ganz an die eine Seite der Bank, so konnte Maria sich mit angezogenen Beinen auf die Bank legen. Ihren Mantel ließ sie an, ich meine Jacke auch.

Müdigkeit ließ uns frösteln. Ganz warm wurde mir aber, als Maria auf meinen Vorschlag einging, ihren Kopf auf meinen Schoß zu legen. Krampfhaft hielt ich mich wach, achtete auf Stiefel und Rucksäcke. Maria war eingeschlafen. Ihr Kopf lag weich auf meinen Oberschenkeln, ich konnte ihr Gesicht erstmalig ganz aus der Nähe betrachten. Hatte meine Mutter, wenn sie gutgelaunt war, nicht immer von ihrer Jugendzeit, die noch in den goldenen Zeiten lag, erzählt? Wie entzückt sprach sie dann von ihrer ersten Liebe. „Im siebten Himmel war ich", sagte sie. Ihre Augen glänzten und oft bewegte sie sich dabei im Walzerschritt.

Maria war schön, aus ihren Haaren strömte ein Hauch von Wald und Wiese, einer Landluft, die schon den kommenden Frühling in sich aufgenommen hatte. So ist es also im siebten Himmel. Noch keinem Mädchen hatte ich bisher einen Kuß gegeben. War es Schüchternheit oder auch nicht nehmen wollen, was die andere noch nicht bereit war zu geben? Ich kämpfte mit mir, Maria einen Kuß zu geben. Ihr Mund war leicht geöffnet. Mich einfach zu ihr neigen. Es war gar nicht möglich. Steif der Rücken. Außerdem drückte inzwischen ihr Kopf auf meinen Oberschenkel. Meine Beine befanden sich bereits im Halbschlaf. Im siebten Himmel ist also auch nicht alles lustvoll. „Schön ist die Jugendzeit", sang meine Mutter zum Schluß.

Maria wachte auf, weil ich wirklich nicht mehr die Haltung einhalten konnte, in der ich mich befand. „Habe ich geschlafen?" fragte sie. „Ganz fest", erwiderte ich. „Danke", sie richtete sich auf. Eine harte Bank ist kein gutes Ruhekissen. „Jetzt kannst du schlafen, ich halte die Wache. Leg deinen Kopf in meinen Schoß, es geht bestimmt." Ich Dussel lehnte es ab. Fand irgendwelche Ausreden. So lehnten wir nur ein wenig die Schultern aneinander. Der siebte Himmel war es nicht mehr. Kurz nach fünf Uhr kam Bewegung in den Bahnhof. Eine Lokomotive pfiff und schnaufte mächtig, als wollte sie ihre Bereitschaft damit kundtun, reisefertig zu sein.

Punkt sechs Uhr drehten sich die Räder. Der Zug war ungeheizt, wie schön warm war es im Warteraum gewesen. Viel zu schnell verging die Zeit, nichts Richtiges wußten wir uns zu sagen. Aus dem Fenster sehend, hingen wir unseren Gedanken nach. „Es war ein schönes Jahr in Beinrode." Ich nickte. „Mein Jahr in Berlingerode wird mir auch immer in Erinnerung bleiben." Ich half ihr den Rucksack aufzusetzen. Wir drückten uns die Hand. „Schreibst du mir?" „Bestimmt", sagte sie. Auf dem Bahnsteig stehend winkte sie mir zu, viel zu schnell verlor ich sie aus den Augen. „Aus den Augen, aus dem Sinn." Die Nähe des siebten Himmels blieb mir.